AF453594

LA PETITE FONCTIONNAIRE

COMÉDIE MUSICALE EN TROIS ACTES

DE

Alfred CAPUS & Xavier ROUX

MUSIQUE DE

André MESSAGER

Prix : 4 francs net

PARIS

CHOUDENS, ÉDITEUR

3o, BOULEVARD DES CAPUCINES, 3o

Tous droits de reproduction, de traduction et de représentation réservés
en tous pays, y compris la Suède, la Norvège et le Danemark.

U. S. A. Copyright by CHOUDENS, 1921

LA
PETITE FONCTIONNAIRE

COMÉDIE MUSICALE EN TROIS ACTES

Représentée pour la première fois au Théâtre Mogador,
à Paris, le 14 mai 1921

DIRECTION F. SOULIER & Cie

LA PETITE FONCTIONNAIRE

COMÉDIE MUSICALE EN TROIS ACTES

DE

ALFRED CAPUS & XAVIER ROUX

MUSIQUE DE

ANDRÉ MESSAGER

Prix : 4 francs net

PARIS

CHOUDENS, ÉDITEUR

30, BOULEVARD DES CAPUCINES, 30

PERSONNAGES

LE VICOMTE, 3o ans . . . . MM. Henry Defreyn.

LEBARDIN, 5o ans . . . . Louis Maurel.

PAGENEL, 5o ans . . . . Félix Barré.

UN JEUNE POILU . . . . Rousselet.

SUZANNE, 25 ans . . . . Mlles Edmée Favart.

RIRI, 20 ans. . . . . Exiane.

MADAME LEBARDIN, 45 ans . . . . Mme Louise Marquet.

MADAME PAGENEL (Marguerite),
   40 ans . . . . Mlles Renée Launay.

AUGUSTE (un travesti), 18 ans . . . Cléden.

PREMIÈRE INVITÉE. . . . . Kervan.

DEUXIÈME INVITÉE. . . . . Marg. de Busson.

TROISIÈME INVITÉE . . . . Grandi.

UNE FEMME DE CHAMBRE. . . . Marie de Busson.

DELPHINE. . . . . Sudaka.

Invités, Bouquetières, Danseuses, Promeneurs,
Serveuses de bar, Tziganes.

LA PETITE FONCTIONNAIRE

ACTE PREMIER

Le décor représente le jardin de la villa des Lebardin à Pressigny-sur-
Loire. A gauche, la villa avec perron et escalier descendant au
jardin. Au fond, une grille et la porte d'entrée donnant sur la
route. Dans le lointain, on voit la Loire.
C'est dimanche après le déjeuner. Les invités de M. et Mᵐᵉ Lebardin
prennent le café en tournant le dos au public.

SCÈNE PREMIÈRE

MONSIEUR *et* MADAME LEBARDIN,
MONSIEUR *et* MADAME PAGENEL, LES INVITÉS.

ENSEMBLE

Ah ! regardons couler la Loire,
Ce fleuve si souvent chanté !
Ce spectacle n'est pas sans gloire,
Mais il manque de nouveauté.

Hélas ! envions le touriste
Qui ne le voit qu'une fois l'an !
Pour un sédentaire, il est triste,
Ajoutons même, désolant...

I.

> Pourtant, que notre cœur paisible
> Bénisse le saint nom de Dieu.
> Car c'est le seul plaisir possible
> De ce monotone chef-lieu !

MADAME LEBARDIN

Mes chers amis, venez donc voir la nouvelle installation du hall.

SCÈNE II

PAGENEL, LEBARDIN

LEBARDIN

Cristi, que la vie est triste !

PAGENEL

Je te demande un peu si tu as l'air d'un homme de cinquante ans ?

LEBARDIN

De qui ai-je donc l'air ?

PAGENEL

Tu as l'air d'un vieux monsieur. Et je dis cinquante, tu ne les as même pas.

LEBARDIN

Tu crois ?

PAGENEL

Tu ne te rappelles plus ton âge, maintenant ?

LEBARDIN

Quel intérêt ça a-t-il ?

PAGENEL

Mais regarde-moi donc, nom d'un chien! Et je n'ai qu'un an de plus que toi.

DUO

I

PAGENEL

Cinquante ans, c'est l'âge admirable.
On peut tout faire, tout oser!

LEBARDIN

Mais non, c'est l'âge inexorable
Où nous devons nous reposer!

PAGENEL

A cinquante ans, l'expérience
Nous permet de toucher à tout!

LEBARDIN

A quoi nous sert notre science
Si notre jeu n'a plus d'atout?

ENSEMBLE

LEBARDIN

Ah! Pagenel! Ah! Pagenel!
Tu ne seras pas éternel!

PAGENEL

Pour le moment, cher Lebardin,
Je suis un peu là, c'est certain!

II

PAGENEL

Nous pouvons tromper notre femme.
Tous les plaisirs nous sont permis !

LEBARDIN

Hélas ! bien court est ton programme ;
Tu te vantes, mon cher ami.

PAGENEL

Jamais je ne fus plus en verve !
Tu ne vois donc pas ce ressort ?

LEBARDIN

Ami, que le ciel te conserve !
Je ne jalouse pas ton sort.

ENSEMBLE

LEBARDIN

Ah ! Pagenel ! Ah ! Pagenel !
Tu ne seras pas éternel !

PAGENEL

Pour le moment, cher Lebardin,
Je suis un peu là, c'est certain.

PAGENEL

Tranchons le mot : tu t'ennuies follement !

LEBARDIN, *changeant de ton.*

Tu peux le dire que je m'ennuie... Je m'ennuie d'une
façon tellement exceptionnelle que ça devient presque une
distraction.

PAGENEL

Secoue-toi, morbleu !

LEBARDIN

Que veux-tu que je fasse ? La noce, comme toi ! Ça ne m'amuserait pas. L'idée de tromper ma femme avec des cocottes me répugne absolument !... Je n'ai jamais aimé les cocottes, d'ailleurs.

PAGENEL

Raison de plus pour commencer.

LEBARDIN

Non, je préfère jouer au billard. Décidément, allons jouer au billard.

PAGENEL

Te rappelles-tu l'époque où nous songions à devenir des maîtres du barreau en faisant notre Droit à Paris ?

LEBARDIN

Et nous nous sommes résignés à être de grands propriétaires fonciers à Pressigny sur-Loire.

PAGENEL

C'est plus sûr. N'importe, nous avons fait, en ce temps-là, quelques joyeuses débauches ! (*Riant.*) Ah ! ah ! et Louisette, te rappelles-tu Louisette ?

LEBARDIN

Tais-toi, je t'en prie. Ne me parle jamais de Louisette !

PAGENEL

Ah ! ah ! je ne peux pas m'empêcher de rire. Etais-tu assez pincé ?

LEBARDIN

. Je t'en supplie, ne m'en parle plus... Tu as cette manie...

PAGENEL

Après vingt ans !...

LEBARDIN

Oui, après vingt ans, je ne peux pas penser à cette histoire-là sans être agacé, presque furieux. Ah ! la satanée petite femme... Elle était modiste, boulevard Saint-Michel...

COUPLETS

I

C'était une modiste blonde
De notre vieux Quartier Latin.
Son unique but dans le monde
Etait d'aimer soir et matin.
Elle aima des gras et des maigres,
Des Turcs, des Russes, des Anglais,
Elle adora même des nègres !
Mais elle ne m'aima jamais,
Jamais !

II

Elle tenait ça de naissance !
Son grand cœur, d'ailleurs ingénu,
En cinq secs, faisait connaissance
Du moins présentable inconnu !

Dans ce cœur, vraiment innombrable,
Toute la rive gauch' passa...
Mais à moi, destin misérable,
Louisette n'accorda pas ça,
      Pas ça !

III

J'étais pourtant aimable et tendre,
Généreux, fidèle, empressé.
Elle ne voulait rien entendre !
Je ne fus pas récompensé.
— « T'es pas méchant, me disait-elle,
Et tu me plais dans bien des cas,
Mais pour le côté... bagatelle,
Non, là, vraiment, je ne peux pas,
      Peux pas ! »

PAGANEL

Pauvre ami ! Enfin, console-toi ! Louisette est aujourd'hui une vieille dame !

LEBARDIN

Oui, mais il me reste encore un petit regret d'être le seul étudiant en droit de ma génération qui n'ait pas été son amant. Chut ! Voici nos femmes.

SCÈNE III

Les Mêmes,
MADAME LEBARDIN, MADAME PAGENEL
(Marguerite)

MARGUERITE

Et cette partie de billard?

PAGENEL

Nous commençons, ma chère,

MADAME LEBARDIN, *à Lebardin.*

Il arrive une chose très ennuyeuse.

LEBARDIN

Laquelle?

MADAME LEBARDIN

C'est l'ouverture de la chasse aujourd'hui, n'est-ce pas?

LEBARDIN

Je le sais.

MADAME LEBARDIN

Eh bien! nous n'avons pas de gibier.

LEBARDIN

C'est trop fort!

MADAME LEBARDIN

On a couru partout... La cuisinière était dehors à six
heures du matin.

LEBARDIN

Il fallait vous y prendre dès hier. Je l'ai dit cent fois. On ne trouve jamais de gibier le jour de l'ouverture de la chasse, mais la veille on en a tant qu'on veut. C'est insupportable à la fin.

MADAME LEBARDIN

Ne te fâche pas.

LEBARDIN

Combien sommes-nous à dîner?

MADAME LEBARDIN

Nous quatre, et le Vicomte de Samblin qui m'a fait l'honneur d'accepter.

LEBARDIN

Le vicomte qui adore le lièvre à la Royale!

MADAME LEBARDIN

Il en aura peut-être tué un et il nous l'apportera. Et puis, nous avons encore de l'espoir. J'attends tout à l'heure le père Fouat, le braconnier de la sous-préfecture... Enfin, on s'arrangera... As-tu écrit aux Blanchet?

LEBARDIN

Allons, bon! encore cette scie.

MADAME LEBARDIN

Mais non, mon ami...

LEBARDIN

C'est agaçant. Tu me demandes, tous les dimanches, depuis un temps immémorial : As-tu écrit aux Blanchet?

MADAME LEBARDIN

Tu ne leur écris jamais De vieux amis à toi qui habitent Paris.

LEBARDIN

Voilà des années que nous ne sommes plus en rapport.
Ce serait absurde de leur écrire ; maintenant, il est trop
tard. Je n'ai plus rien à leur dire.

MADAME LEBARDIN

Comme tu voudras... Plus qu'un mot, puisque tu es de
si mauvaise humeur, aujourd'hui : ta jaquette neuve est
arrivée.

LEBARDIN

Ça m'est égal.

MADAME LEBARDIN

Elle est dans ta chambre. Tu me feras le plaisir de la
mettre pour dîner et d'enlever cette vieille redingote.

LEBARDIN

Cette redingote est très bien, n'insiste pas. Allons faire
notre partie de billard, Pagenel.

PAGENEL, *qui cause à sa femme.*

Oui, je t'expliquerai.

MARGUERITE

Vous voulez me faire croire que vous avez encore affaire
à Paris cette semaine ?

PAGENEL

Je t'expliquerai...

MARGUERITE

Nous verrons cette belle explication... Allez jouer au
billard, en attendant.

(*Sortent Pagenel et Lebardin, à droite.*)

SCÈNE IV

MADAME LEBARDIN, MARGUERITE

MARGUERITE

Nous verrons, mon petit ami, nous verrons.

MADAME LEBARDIN

Vous voilà dans tous vos états, parce que votre mari vous quitte vingt-quatre heures.

MARGUERITE

Il va à Paris, et je sais ce qu'il va y faire, à Paris, tous les mois...

MADAME LEBARDIN

Quelle folie !

MARGUERITE

Et il choisit des prétextes d'un bête !

MADAME LEBARDIN

Il vous a dit qu'il faisait des démarches pour obtenir le Mérite agricole. C'est bien naturel, un grand propriétaire foncier...

MARGUERITE

Qui a cent mille francs de rentes... Quand on a cent mille francs de rentes, on ne demande pas le Mérite agricole, on demande la Légion d'honneur. Je vous dis qu'il va à Paris, faire la noce. Ce qui me console, c'est que ça ne durera pas, d'après ce que dit le docteur. Il commence à être couvert de rhumatismes.

MADAME LEBARDIN

Votre mari?

MARGUERITE

Mon mari, avec sa mine réjouie. Il a le dos et les reins très menacés... et l'articulation du genou...

MADAME LEBARDIN

Encore une ou deux articulations et nous le tenons. Vous avez tort de vous plaindre de votre mari, ma chère. C'est un homme délicieux, d'une bonne humeur continuelle.

MARGUERITE

La bonne humeur inséparable de la mauvaise conduite. Les fidèles ne sont pas si gais que ça. Est-ce que votre mari est gai?

MADAME LEBARDIN

Ça!

MARGUERITE

Il n'est pas gai, il est même grognon.

MADAME LEBARDIN

Mélancolique.

MARGUERITE

La mélancolie de l'homme qui n'a rien à se reprocher.

SCÈN·E V

LES MÊMES, *plus* LES INVITÉS

PREMIÈRE INVITÉE

Eh bien, mesdames, que complotiez-vous là toutes les deux?

MARGUERITE

Rien de grave, chère madame... Nous parlions... nous parlions... de la nouvelle receveuse des postes.

DEUXIÈME INVITÉE

Madame Broquet est donc remplacée?

PREMIÈRE INVITÉE

Et vous savez par qui elle est remplacée? Par une petite Parisienne de vingt-cinq à vingt-six ans... plutôt jolie et mise je ne vous dis que ça, ma chère! il n'y a pas une jeune fille dans tout Pressigny habillée comme ça... C'est inouï!... elle a emménagé hier matin, elle s'est installée dans l'appartement de Madame Broquet, et je vais vous dire une chose admirable!... elle a un piano, ma chère. Une receveuse des postes qui a un piano! Il paraît aussi qu'elle dessine et qu'elle connaît tous les arts d'agrément. Je l'ai rencontrée dans la Grand'Rue, elle a l'air d'une petite effrontée; elle m'a regardée comme si elle n'avait fait que ça toute sa vie! Ah! nous vivons à une drôle d'époque. Eh bien! qu'est-ce que vous dites de tout ça?

MADAME LEBARDIN

Ça ne me paraît pas bien extraordinaire. Pourvu qu'elle fasse son service.

TROISIÈME INVITÉE

Je crois qu'elle fera tout ce qu'on voudra, si vous voulez
mon opinion.

MARGUERITE

Encore une qui va alimenter les potins de Pressigny.

PREMIÈRE INVITÉE

Ah! les potins de Pressigny!

ENSEMBLE

MARGUERITE

Pour tuer la longueur de cet après-midi,
Ne conviendrait-il pas de conter les on-dit
De notre humble bourgade?
Songeons que deux potins toujours valent mieux qu'un!
Allons, madame, à vous l'honneur, et que chacun
En prenne pour son grade!

PREMIÈRE INVITÉE

Savez-vous que le percepteur
Avec la femme du docteur,
Ont été vus, l'autre dimanche,
Au carrefour de la Croix-Blanche?

TOUS LES INVITÉS

Sapristi! sapristi!
C'est le potin de Pressigny...

DEUXIÈME INVITÉE

Savez-vous que le sacristain
Fût rencontré, l'autre matin,
Avec la fille du dentiste?...
Et je ne sais rien de plus triste!

TOUS LES INVITÉS

Sapristi! sapristi!
C'est le potin de Pressigny...

TROISIÈME INVITÉE

Après les avoir bien épiés,
J'ai vu deux superbes pompiers
Embrasser la même vachère...
Quel spectacle étrange, ma chère!

MARGUERITE

On dit que Monsieur le Curé,
— Hélas, le fait est avéré —
Cédant à son humeur gourmande,
Vendredi, mangea de la viande!

TOUS LES INVITÉS

Sapristi! sapristi!
C'est le potin de Pressigny.

MADAME LEBARDIN

Il paraît que Madame B...
Doit bientôt avoir un bébé,
Quoiqu' son mari — bonté divine —
Soit depuis plus d'un an, en Chine!

TOUS LES INVITÉS

Sapristi! sapristi!
C'est le potin de Pressigny!

PREMIÈRE INVITÉE

A propos, est-ce que le vicomte ne doit pas se marier?

MARGUERITE

Le bruit court qu'il doit épouser une jeune veuve qui a déjà fait beaucoup parler d'elle.

DEUXIÈME INVITÉE

Je crois bien que le vicomte n'épousera pas une femme de tout repos, et qu'il s'en repentira.

MARGUERITE

Quand on épouse une veuve, il faut s'attendre à avoir des regrets éternels.

MADAME LEBARDIN

Nous allons l'interroger, car le voici.

SCÈNE VI

Les Mêmes, *plus* LE VICOMTE

LES INVITÉS

Bonjour, Monsieur le Vicomte,
Bonjour!

LE VICOMTE

Bonjour, bonjour, bonjour!

LES INVITÉS

Est-ce vrai ce qu'on raconte?

LE VICOMTE

Interrogez-moi sans détour?

MARGUERITE

Ne serait-ce qu'un bavardage?

LE VICOMTE

Quoi donc?... quoi donc?

MARGUERITE

Mais il n'est bruit
Dans Pressigny
Que de votre mariage.

LE VICOMTE

M'interroger n'est pas manque de tact,
Le fait d'ailleurs est fort exact.

I

Mon Dieu, mesdames, je l'avoue,
Sans me faire beaucoup prier.
Je dois bientôt me marier.
C'est un coup de dé que je joue!
Je suis un fiancé
Peu fixé!

II

Est-ce que j'aimerai ma femme?
Ou bien ne l'aimerai-je pas?
Je suis dans un grand embarras
Pour vous exposer mon programme!
Je suis un fiancé
Peu fixé!

III

Comment finira l'aventure ?
Bien franchement, je n'en sais rien.
Peut-être mal ? Peut-être bien ?
Je m'en remets à la nature...
        Je suis un fiancé
            Peu fixé !

IV

Mais, comme je tiens à vous plaire,
Interrogez-moi dans trois mois !
Je vous répondrai cette fois
Car je serai, la chose est claire,
        Un mari bien fixé,
            Bien fixé !

MADAME PAGENEL

Permettez-nous de vous offrir tous nos vœux.

LE VICOMTE

Je les accepte. Je suis très fataliste. Ce qui doit arriver, arrivera. Oui, je dois épouser une aimable veuve. J'y suis tout disposé, car je suis en âge de me marier... C'est même uniquement pour cela que je me marie... C'est un mariage de raison... ma fiancée est un peu folle, mais c'est quand même un mariage de raison...

SCÈNE VII

Les Mêmes, LA BONNE

LA BONNE, *à Madame Lebardin.*

Madame, il y a là une personne qui demande à parler à Monsieur Lebardin. Elle attend devant la grille. Elle a vu ici beaucoup de monde; elle n'ose pas entrer. Voici sa carte.

MADAME LEBARDIN, *lisant la carte.*

Suzanne Borel, receveuse des postes... La nouvelle receveuse! Mais qu'elle entre! (*A la bonne.*) Allez prévenir mon mari.

(*La bonne sort par le pavillon de gauche.*)

SCÈNE VIII

(*Madame Lebardin remonte jusqu'à la grille pour recevoir Suzanne. Cependant, les invités chantent.*)

CHŒUR DES INVITÉS

Pour nous quelle bonne fortune!
Nous allons voir dans cet instant
— Est-elle blonde? Est-elle brune? —
La jeune fille peu commune
    Dont on nous parle tant!

RONDEAU

SUZANNE

Je suis la petite fonctionnaire,
Ayant pour toute ambition
De vous servir et de vous plaire,
En remplissant bien ma fonction !
Pour tous, je serai complaisante,
            Accueillante,
            Prévenante,
            Bienfaisante...
Si quelque grincheux se fâchait,
Vite, pour calmer sa colère,
Je mettrais, afin de lui plaire,
Mon plus doux sourire au guichet !
            Dans mon service
Je ne suis plus une novice,
Et l'on peut se fier à moi
Pour ce qui touche à mon emploi !

Pour recommander une lettre,
Pour une dépêche à transmettre,
Pour l'envoi d'un colis postal,
Pour mettre sous bande un journal,
Pour un appel téléphonique,
Pour un mandat télégraphique,
Pour les exprès, les imprimés,
Les reçus, les mots supprimés,

Pour épargner la longue attente
Aux amoureux, poste restante,

Pour les paiements, les versements,
Chargements et renseignements,

Pour les taxes supplémentaires,
Échantillons, papiers d'affaires,
Lettres de deuil ou billets doux,
Même pour un timbre à deux sous;

Que je sois calme ou bien nerveuse,
Que je sois lugubre ou verveuse,
Qu'il fasse beau, qu'il fasse laid,
Qu'on soit en décembre ou juillet,

Au bon public, je suis fidèle,
Je veux le servir avec zèle,
Car je désire être avant tout,
Par-dessus tout, et jusqu'au bout,

— Et le cas n'est pas ordinaire
Dans notre administration —
La petite fonctionnaire
Qui remplit bien sa fonction.

SCÈNE IX

LES MÊMES, LEBARDIN, *sortant de la villa.*

MADAME LEBARDIN

Mon cher ami, voici Mademoiselle Suzanne Borel, notre
nouvelle receveuse des postes, qui désire te parler.

2.

LEBARDIN, *saluant.*

Madame...

MADAME LEBARDIN

Nous vous laissons. Monsieur le Vicomte ira terminer avec Monsieur Pagenel la partie de billard interrompue. Quant à moi, j'emmène nos amis à la gare. Nous allons voir passer des trains... C'est une des distractions du pays. Justement, aujourd'hui, il doit passer deux trains de plaisir... A tout à l'heure... (*Saluant Suzanne.*) Mademoiselle...

> (*Elle sort avec ses invités par la porte du jardin au fond. Le vicomte entre à gauche dans la villa.*)

SCÈNE X

LEBARDIN, SUZANNE

LEBARDIN

Madame...

SUZANNE

Mademoiselle !...

LEBARDIN

Si vous voulez...

SUZANNE

Il n'a pas l'air commode, celui-là...

LEBARDIN

J'espère qu'avec vous ça ira mieux... parce qu'avec

Madame Broquet, c'était devenu intolérable... intolérable.
(*Il la regarde.*)... Ça, par exemple, c'est inouï... Tout le
portrait de Louisette, en mieux, beaucoup mieux...
(*Offrant un siège à Suzanne.*) Je vous écoute. Désirez-vous
prendre quelque chose ?

SUZANNE

Vous êtes trop aimable.

LEBARDIN

Vous n'avez besoin de rien?... Du sirop de groseilles
ou une petite orangeade... plutôt... une petite orangeade...

SUZANNE

Mille fois trop bon... Je m'étais trompée... Il est très
aimable.

LEBARDIN

Alors, je vous écoute.

SUZANNE

J'allais vous dire, monsieur, que plusieurs notables
habitants de Pressigny et vous, entre autres — vous êtes
bien Monsieur Lebardin ?

LEBARDIN

Oui, madame.

SUZANNE, *rectifiant.*

Mademoiselle.

LEBARDIN

Mille pardons... je suis stupide de n'avoir pas deviné.

(*Il ne cesse de la regarder pendant tout le temps
qu'elle parle et de la dévorer des yeux.*)

SUZANNE

Ça ne fait rien... Vous avez adressé à Monsieur l'Inspecteur général une réclamation au sujet de Madame Broquet, la receveuse des postes qui était ici avant moi.

LEBARDIN

En effet, je m'y suis décidé... à la longue. Madame Broquet ne faisait pas son service... J'ajouterai qu'elle devenait insupportable... tandis que vous...

SUZANNE

Oui ! Eh bien ! cette réclamation signée de vous et de plusieurs de ces messieurs est de nature à lui faire le plus grand tort. Et je viens vous prier de la retirer, en vous promettant, à l'avenir, plus de régularité dans le service, et, j'ose le dire, plus de complaisance.

LEBARDIN

Mais je crois bien que je vais la retirer. Mais tout ce que vous voudrez !

SUZANNE

Je n'attendais pas moins de vous en venant ici.

LEBARDIN

Tout ce qui vous fera plaisir, tout ce qui... (*A part.*) Mais qu'est-ce qui me prend, moi?

SUZANNE

J'ai l'intention d'établir à Pressigny un certain nombre de réformes qui obtiendront, j'espère, l'approbation générale.

LEBARDIN, *sous le charme.*

Oui... oui...

SUZANNE

Par exemple, je...

LEBARDIN

C'est une bonne idée... voilà une bonne idée.

SUZANNE, *souriant.*

Mais vous ne savez pas encore.

LEBARDIN

Je devine, je devine. (*A part.*) Ce qui m'arrive est extraordinaire.

SUZANNE

Dorénavant, le dimanche, à Pressigny, on pourra expédier des télégrammes jusqu'à trois heures et demie au lieu de trois heures.

LEBARDIN

C'est admirable, admirable!

SUZANNE

Et même quand on arrivera à trois heures trente cinq, je suppose...

LEBARDIN

On ne vous fermera pas la porte au nez comme faisait la mère Broquet.

SUZANNE

Tout juste.

LEBARDIN

Voilà ce que j'appelle une réforme.

SUZANNE

Il y en a d'autres. J'ai obtenu une seconde distribution pour les journaux.

LEBARDIN, *pénétré d'admiration.*

Une seconde distribution !

SUZANNE

Oui.

LEBARDIN

Magnifique... Magnifique !...

(Il s'essuie le front et s'assied sur une chaise
brusquement.)

SUZANNE

Qu'est-ce qu'il a ?... (Allant à Lebardin, très rouge.)
Vous êtes souffrant ?

LEBARDIN

Non... non... au contraire. Je suis très heureux.

SUZANNE

Il est certain que Pressigny est assez important pour
avoir droit à deux distributions.

LEBARDIN

C'est-à-dire que vous êtes trop bonne. Nous ne méri-
tions pas...

SUZANNE

Alors, je peux espérer que vous écrirez à Monsieur
l'Inspecteur ?

LEBARDIN

Quand le désirez-vous ?

SUZANNE

Le plus tôt possible.

LEBARDIN

Je vais lui écrire immédiatement. Que dois-je lui dire?

SUZANNE

Ce que vous voudrez. Que vous vous êtes trompé... que vous avez exagéré... que Madame Broquet avait donné à la commune des preuves de dévouement pendant des années et que, par conséquent...

LEBARDIN

Enfin, le contraire de ce que j'ai dit ?

SUZANNE

C'est ça !

LEBARDIN

Cela va être fait. Je vais vous donner ça... le temps d'aller écrire la lettre à mon bureau.

SUZANNE

Je l'enverrai chercher ce soir.

LEBARDIN

Non, non, vous allez l'attendre... Je veux que vous l'attendiez... j'y tiens absolument. (*Apercevant le Vicomte à l'embrasure de la baie. Entre le Vicomte.*) Le Vicomte vous tiendra compagnie un moment. Justement, il a signé la réclamation avec moi... il signera le contraire, je vous le promets.

SCÈNE XI

Les Mêmes, LE VICOMTE

LE VICOMTE

Quelle réclamation ?

LEBARDIN

Mon cher Vicomte, permettez-moi de vous présenter

notre nouvelle receveuse et soyez assez aimable pour lui
tenir compagnie... Je reviens dans un instant. (*A part.*)
Elle est exquise.

(Il sort.)

SCÈNE XII

LE VICOMTE, SUZANNE

LE VICOMTE

Ah ! ah ! la nouvelle receveuse.   Voilà qui est parfait !
Bonjour, mademoiselle... (*S'approchant.*) Elle est charmante,
tout à fait charmante... (*Lui tapant sur les joues.*) Bonnes
joues, bien fraîches

DUO

SUZANNE, *se reculant.*

Hé ! là, monsieur, tout doux, tout doux.
Mais pour qui donc me prenez-vous ?

LE VICOMTE

Dans ce geste amical, je pense
Que vous ne voyez pas d'offense.

SUZANNE

Ah ! vraiment, vous êtes bien bon !
Je vous prie de changer de ton...
Sachez qu'on ne joue,
Qu'on ne joue pas avec ma joue !

LE VICOMTE

Allons, ne faites plus la moue !
Je respecterai votre joue,
Votre joue !
Je sais maintenant qu'on ne joue,
Qu'on ne joue pas avec votre joue !
Jeune employée des Postes et Télégraphes,
Excusez-moi si j'ai fait une gaffe !
Et pour me pardonner, donnez-moi votre main ?

SUZANNE

Aujourd'hui, non, mais peut-être demain !

LE VICOMTE

Vous êtes une jeune fille très bien !

SUZANNE

A l'avenir, soyez plus sage !
Ma parole d'honneur,
Vous vous croyez au Moyen Age,
Mon trop galant seigneur !

LE VICOMTE

En voyant votre frais visage,
Ma parole d'honneur,
Je regrette le Moyen Age
Et le droit du seigneur !

SUZANNE

Fi ! quelle horreur !

LE VICOMTE

Ah ! quel beau temps, le Moyen Age !

SUZANNE

Quand j'en entends parler, j'enrage !

LE VICOMTE

Devant mes aïeux, tout cédait !

SUZANNE

On les maudissait en secret !

LE VICOMTE

Ils ne trouvaient pas de rebelle...

SUZANNE

Parbleu ! vous me la baillez belle !

LE VICOMTE

Un simple signe et sur le champ...
Toutes les femmes des manants...
Leur prouvaient leur reconnaissance !
Car, sinon, c'était la potence !
     Ah ! le beau temps !

SUZANNE

Ah ! l'affreux temps !

ENSEMBLE

SUZANNE

A l'avenir, soyez plus sage !
     Ma parole d'honneur,
Vous vous croyez au Moyen Age,
     Mon trop galant seigneur !

LE VICOMTE

En voyant votre frais visage,
Ma parole d'honneur,
Je regrette le Moyen Age,
Et le droit du seigneur !

LE VICOMTE

Je vous avais à peine regardée, figurez-vous... parbleu,
en vous regardant... on devine bien que vous n'êtes pas
quelqu'un dans le genre de la mère Broquet.

SUZANNE

Oh !

LE VICOMTE

Vous avez beau n'être qu'une simple receveuse des postes,
on n'est pas long à voir que vous êtes une jeune fille très
bien... Moi, je le vois maintenant. Je ne l'avais pas vu
tout de suite. C'est une méprise.

SUZANNE

Une toute petite méprise.

LE VICOMTE

Tout change, morbleu ! tout change ! Je le disais encore
l'autre jour à ma tante la douairière : « Il y a de grands
changements qui se préparent dans la société, il faut que
vous en preniez votre parti ! » Ainsi, autrefois, une personne
dans votre condition, on lui tapotait sur les joues, ça ne
tirait pas à conséquence. Aujourd'hui, on est immédiatement
remis à sa place et c'est bien fait (*Sur un geste de Suzanne.*)
Si, si !... Vous avez bien fait. Vous appartenez à cette nouvelle génération de femmes qui n'aiment pas qu'on leur
manque de respect.

SUZANNE, *riant.*

J'aime autant pas, en effet, Monsieur le Vicomte.

LE VICOMTE

Ce sont de nouvelles habitudes à prendre, voilà tout.
C'est le règne du féminisme, comme on dit dans les journaux.
Plus de rancune, alors ?...

SUZANNE

Plus la moindre !

LE VICOMTE, *tendant la main à Suzanne.*

La paix ?

SUZANNE

La paix.

> (*Entre Lebardin à gauche. Il est méconnaissable.
> Il est rasé, il a mis une jaquette neuve, il est
> très rajeuni.*)

SCÈNE XIII

LES MÊMES, LEBARDIN, *transformé, rasé de frais.*
Il a une jaquette neuve et est rajeuni.

LEBARDIN, *une lettre ouverte à la main et à Suzanne.*

Voici, mademoiselle, vous pouvez lire.

SUZANNE, *le regardant et stupéfaite,*

Monsieur, je... (*A part.*) Mais ce n'est pas le même ! (*Haut.*)
Monsieur Lebardin, n'est-ce pas ?

LEBARDIN

C'est la lettre en question. .

LE VICOMTE, *riant.*

Ah ça, je ne vous reconnaissais pas, mon cher ami !

LEBARDIN

Dites-moi, vous allez signer aussi ?

LE VICOMTE

Signer, quoi?

LEBARDIN

Cette lettre...

SUZANNE

Ne me refusez pas ça ?

LEBARDIN

C'est Mademoiselle qui vous le demande...

LE VICOMTE

Dans ce cas, je signe et je signe des deux mains. Mais deux mains ne suffisent pas... Il faut aussi un porte-plume.

LEBARDIN

Vous trouverez tout ce qu'il faut pour écrire dans le petit salon .. Vous y trouverez aussi Pagenel que je vous prie de bien vouloir m'envoyer.

SUZANNE

J'accompagnerai Monsieur le Vicomte, si vous le permettez... Je vais demander à Monsieur Pagenel de me donner aussi sa signature... Il ne me la refusera pas ! Tout le monde est si gentil pour moi, ici, si gentil...

LE VICOMTE

A la bonne heure !

SUZANNE, *au Vicomte.*

Sauf vous, bien entendu !

(*Le Vicomte et Suzanne entrent dans la villa.*)

SCÈNE XIV

LEBARDIN, *seul.*

Ce qui m'arrive est incompréhensible... C'est inouï ! C'est positivement inouï ! Il y a une heure, la vie me semblait sombre, morne... A présent, elle me paraît lumineuse... Pressigny n'est plus un trou... Pressigny est une ville enchantée. La Loire est le plus beau fleuve du monde, et comme le disait, si justement, Pagenel, cinquante ans, c'est l'âge admirable, c'est l'âge des vrais jeunes premiers.

AIR

Oui vraiment, c'est à n'y pas croire !
Il est évident maintenant
Que j'arrive dans un tournant,
Dans un tournant de mon histoire !

Je goûtais un calme illusoire !
Longtemps j'avais fait le malin...
Aujourd'hui, je me trouve en plein
Dans un tournant de mon histoire !

Il nous faut chasser l'humeur noire
Et profiter du bon moment !
Je m'élance joyeusement
Dans ce tournant de mon histoire !

Je vais changer de répertoire,
Plus heureux qu'au Quartier Latin...
Tout tournera bien, c'est certain !
Dans ce tournant de mon histoire !

SCÈNE XV

LEBARDIN, PAGENEL, *sortant de la villa.*

PAGENEL

Tu chantes tout seul, maintenant ?

LEBARDIN

Ah ! mon ami !

PAGENEL

Eh bien ! Qu'est-ce qu'il y a ?

LEBARDIN

Tu ne me trouves pas changé ?

PAGENEL

C'est-à-dire que je ne te reconnaissais pas.

LEBARDIN

Il m'arrive une de ces aventures !...

PAGENEL

Il t'arrive quelque chose, à toi ?...

LEBARDIN, *baissant la voix.*

Je suis amoureux. . Je suis amoureux, follement!

PAGENEL

Hein! quoi?

LEBARDIN

Ressemble-t-elle assez à Louisette! C'est Louisette à vingt ans.

PAGENEL

Mais qui?...

LEBARDIN

Mademoiselle Borel... Suzanne Borel...

PAGENEL

Comment! c'est d'elle que tu es?...

LEBARDIN

Oui! oui! oui!

PAGENEL

Ah! par exemple!... Mais où diable prends-tu qu'elle ressemble à Louisette?

LEBARDIN

Tu ne trouves pas?

PAGENEL

Aucun rapport, mon cher ami! Seulement, comme tu as aimé Louisette et que tu aimes celle-là, tu t'imagines qu'elles se ressemblent. Mais elles ne se ressemblent pas du tout. Mademoiselle Borel est cent fois mieux.

LEBARDIN

Je l'adore, mon ami, je l'adore!

PAGENEL

Voilà une histoire. Mais depuis quand?

LEBARDIN

Depuis un quart d'heure. Quand je l'ai aperçue j'ai senti un coup, là, au creux de l'estomac.

PAGENEL

Oui... ça devrait prendre au cœur et ça prend au creux de l'estomac.

LEBARDIN

Enfin, moi, Lebardin, dont le nom dans tout le pays est synonyme de chasteté et de fidélité, je suis amoureux comme un fou de cette petite femme blonde !

PAGENEL

Ce serait grave, si c'était vrai. Heureusement, ce n'est pas vrai !...

LEBARDIN

Je ne suis pas amoureux?

PAGENEL

Non... Tu as simplement envie. Je vais te dire, moi, de quoi tu as envie... Tu as envie de faire une bonne débauche... Voilà !

LEBARDIN

Quelle horreur !

PAGENEL

Tu as vingt ans de fidélité, c'est tout ce que tu pouvais supporter ; moi, je n'ai pu supporter que six mois, chacun a sa mesure.

3.

LEBARDIN

Sais-tu bien que si je trompais ma femme, ce serait la première fois ?

PAGENEL

Je t'envie.

LEBARDIN

Rien que l'idée de la tromper me donne des remords d'avance.

PAGENEL

Heureux homme ! Moi, ça ne me fait plus rien.

LEBARDIN

Et tiens ! je vais peut-être t'étonner... Il me semble que si je la trompais, je l'aimerais encore davantage.

PAGENEL

Ta femme ?

LEBARDIN

Oui ma femme.

PAGENEL

Mais certainement, tu l'aimerais davantage. C'est le côté moral de l'adultère du mari.

SCÈNE XVI

Les Mêmes, MADAME LEBARDIN *et* Les Invités.

MADAME LEBARDIN, *entrant.*

Mais qu'est-ce que tu as de changé ?

LEBARDIN

J'ai mis ma jaquette neuve ! Voilà tout !

MADAME LEBARDIN

Tu ne veux toujours pas écrire à Blanchet?

LEBARDIN

Je n'ai pas eu le temps.

MADAME LEBARDIN

Je t'assure que tu ne te conduis pas bien avec lui.

LEBARDIN, *réfléchissant.*

Oh!

MADAME LEBARDIN

Quoi?

LEBARDIN

Quelle heure est-il donc?

MADAME LEBARDIN

Trois heures passées.

LEBARDIN, *regardant sa montre.*

Trois heures et quart... J'ai le temps!

MADAME LEBARDIN

Le temps de quoi?

LEBARDIN

D'envoyer une dépêche à Blanchet, parbleu! à ce vieux Blanchet que je n'ai pas vu depuis si longtemps. .

MADAME LEBARDIN

C'est pour cela qu'une lettre suffira!

LEBARDIN

Mais non! mais non... Une simple lettre! Je n'aurais pas l'air d'y mettre de l'empressement.

MADAME LEBARDIN

Depuis dix ans que tu ne penses pas à lui...

LEBARDIN

Raison de plus.

MADAME LEBARDIN

C'est absurde! D'abord, aujourd'hui dimanche, le télégraphe ferme à trois heures.

LEBARDIN

Ah! ah! Tu crois encore que... Il ferme à trois heures et demie, le télégraphe... maintenant... c'est admirable! (*Allant à gauche et appelant.*) Mademoiselle Suzanne, Mademoiselle Suzanne!

SCÈNE XVII

Les Mêmes, SUZANNE, LE VICOMTE

AIR

ENSEMBLE

SUZANNE

Que me veut-on? Que me veut-on?

LEBARDIN

Répondez à ma question?
Chère demoiselle et amie,
Jusqu'à trois heures et demie
Puis-je pas télégraphier?

SUZANNE

Je peux vous le certifier! (*bis*)

LEBARDIN

Vous le voyez, plus aucun doute!
Au bureau je vais de ce pas...
Voulez-vous accepter mon bras?
Nous ferons ensemble la route.

SUZANNE

Je l'accepte sans aucun doute
Mais non pas sans quelque embarras!
Confuse d'être à votre bras
Pour faire ensemble cette route...

PAGENEL

Mon pauvre ami, tu deviens fou!

MADAME PAGENEL

Il prend feu comme l'amadou!

LE VICOMTE

Il est fou, il est fou, fou, fou!

MADAME LEBARDIN

Je n'y comprends plus rien du tout!

PAGENEL

Mon vieux Lebardin exagère...

MADAME PAGENEL

Sa conduite est vraiment légère...

LE VICOMTE

Mais que veut dire tout ceci?

MADAME LEBARDIN

Un tel cas doit être éclairci !

LEBARDIN

Vous le voyez, plus aucun doute,
Voulez-vous accepter mon bras,
Nous ferons ensemble la route.

SUZANNE

Je vous ai promis tout mon zèle
Ainsi que je le dois à tous.
Marchons donc, car le temps est doux. .
Le télégraphe nous appelle !

LE CHŒUR

Le télégraphe les appelle !
Lebardin est bien excité
Et le soleil, en vérité,
A dû taper sur sa cervelle !

SUZANNE

(Reprise de l'air du rondeau.)

Je suis la petite fonctionnaire
Ayant pour toute ambition
De vous servir et de vous plaire
En remplissant bien ma fonction !

*(Elle sort au bras de Lebardin au milieu de
l'ahurissement général.)*

RIDEAU

ACTE II

LE BUREAU DE POSTE DE PRESSIGNY-SUR-LOIRE

La scène est divisée en deux parties. A gauche, le couloir du public
communiquant avec la droite par des guichets. A gauche également,
la cabine téléphonique. A droite, l'intérieur de la poste, le télégraphe, tables, chaises, etc...
Suzanne et Riri sont aux guichets.

SCÈNE PREMIÈRE

*(Au lever du rideau, une douzaine d'habitants et
d'habitantes de Pressigny attendent devant le
guichet de la poste restante.)*

CHŒUR

Poste restant', poste restante !
Ton mystère est bien décevant !
Parfois, malgré la longue attente,
On part Gros-Jean comme devant...

On prend un air d'indifférence
Et l'on dit que l'on s'en fichait !
Cependant la même espérance
Nous ramène au même guichet.

UN MONSIEUR, *à Riri.*

Est-ce que la levée est faite?
N'avez-vous rien pour H. R. T.?

RIRI

Rien, cher monsieur, je le regrette!

LE CHŒUR

Comme il a l'air déconcerté!

UNE DAME, *à Riri.*

Ayez la bonté de m' remettre
Mademoiselle, mon courrier.

RIRI

Madame, voici vingt-deux lettres!

LE CHŒUR

Vingt-deux lettres! Vingt-deux lettres!
Ce chiffre indique son métier...

Reprise.

Poste restant', poste restante!
Ton mystère est bien décevant...
Parfois, malgré la longue attente,
On part Gros-Jean comme devant!

(Sortie du chœur.)

SCÈNE II

LES MÊMES, *moins le chœur,* PAGENEL

PAGENEL, *s'avançant contre le premier guichet*
contre la rampe.

Est-ce que le téléphone sera libre bientôt?

SUZANNE

Vous avez le numéro trois, Monsieur Pagenel

PAGENEL

Dans un petit quart d'heure, alors? Je vais revenir.

SUZANNE

C'est ça !

(Suzanne timbre des lettres. Entre le Vicomte par le
fond du couloir.)

SCÈNE III

PAGENEL, LE VICOMTE, *à gauche,* SUZANNE *et* RIRI,
comme à la scène première.

PAGENEL, *serrant la main du Vicomte.*

Bonjour, mon cher ami.

LE VICOMTE, *montrant une lettre.*

Bonjour, Pagenel... Dites-moi, il n'est pas trop tard
pour le courrier ?

PAGENEL.

Vous avez tout le temps.

LE VICOMTE

C'est que je voudrais bien que ma sœur reçût cette lettre demain matin.

PAGENEL, *baissant la voix*.

Cette lettre où vous lui annoncez votre mariage... avec la plus jolie personne de Pressigny, une veuve charmante...

LE VICOMTE

Dame, oui, vous avez deviné! J'ai déjà commandé les billets de faire part. Seulement, figurez-vous, j'avais complètement oublié de prévenir ma famille.

PAGENEL.

Vous avez le temps jusqu'à six heures dix.

LE VICOMTE

Elle ne sera pas très contente, ma famille, de me voir épouser une simple bourgeoise! Enfin, l'important est d'être heureux. Mais voilà... Serai-je heureux en mariage? Ne le serai-je pas?

PAGENEL

Vous ne tarderez pas à vous en apercevoir.

LE VICOMTE

Moi je crois que je le serai.

PAGENEL

Moi aussi... à bientôt.

(Il lui serre la main et sort.)

SCÈNE IV

Les Mêmes, *moins* PAGENEL

LE VICOMTE, *s'approchant du premier guichet.*
Bonjour, mademoiselle.

SUZANNE, *allant vivement au guichet.*
Bonjour, Monsieur le Vicomte.

LE VICOMTE, *passant un peu la tête.*
Vous allez bien, aujourd'hui?

SUZANNE
A merveille, et vous-même?

LE VICOMTE
Parfaitement, je vous remercie.

SUZANNE
Nous disons un timbre à dix. Voici. (*Elle le lui donne.*)

LE VICOMTE, *en cachetant sa lettre.*
Il n'est pas venu un paquet pour moi?

SUZANNE
Quel genre de paquet? Un colis postal?

LE VICOMTE
Je crois, oui...

SUZANNE
Les colis postaux arrivent un peu plus tard... Dès que j'aurai le vôtre, je tâcherai de vous l'envoyer tout de suite.

LE VICOMTE

Non, je le prendrai en rentrant, gardez-le moi, vous serez bien aimable... (*Tendant la lettre.*) Elle partira ce soir, hein?

SUZANNE, *la prenant et la regardant.*

Pour Paris, soyez tranquille.

> (*Elle est en ce moment penchée sur le guichet, de manière que les deux têtes du Vicomte et de Suzanne sont à la même hauteur. Suzanne, en regardant l'adresse de la lettre, se met à rire légèrement.*)

LE VICOMTE

De quoi riez-vous, hein?

SUZANNE

Je ne ris pas.

LE VICOMTE

Ah! vous avez ri... Dites-moi de quoi vous avez ri?

SUZANNE

De rien... de rien... je vous demande pardon.

LE VICOMTE

Si, vous avez ri de quelque chose, vous êtes trop intelligente pour rire de rien... Dites-le moi... ça me fera plaisir... Autrement, je croirai que vous m'en voulez encore, depuis un mois que j'ai fait la petite gaffe, vous savez?

SUZANNE

Oh! quelle idée!

LE VICOMTE

Voyons?

SUZANNE

Vous ne vous fâcherez pas?

LE VICOMTE

Pourquoi voulez-vous?...

SUZANNE

Eh bien, c'est... (*S'arrêtant.*) Vraiment, vous ne vous fâcherez pas?

LE VICOMTE

Jamais je ne me fâche, j'ai un très bon caractère.

SUZANNE, *désignant du doigt l'enveloppe de la lettre.*

C'est de ça...

LE VICOMTE

De ça? Tiens, pourquoi?

SUZANNE

Si c'était la première fois, je me dirais... c'est une distraction. Mais voilà plusieurs fois que je le remarque.

LE VICOMTE

Qu'est-ce que vous remarquez?

SUZANNE, *lisant.*

Tenez... là... (*Avec son doigt.*) Rue Galilée...

LE VICOMTE

Eh bien?

SUZANNE

Vous écrivez Galilée, lé...

LE VICOMTE

Comment doit-on écrire?

SUZANNE

Lée jusqu'à présent, on a écrit *lée*, mais au fond, ça n'a aucune importance... C'est moi qui suis une sotte...

LE VICOMTE

Mais non, mais non... J'ai fait une faute d'orthographe, sûr... ça m'arrive continuellement... Parbleu! Galilée... lée, je m'en souviens, maintenant, vous avez mille fois raison... C'était un savant?

SUZANNE

Oui, un astronome, un astronome italien.

LE VICOMTE

Ah! ah!

SUZANNE

C'est lui qui a dit... Vous ne vous rappelez pas?

LE VICOMTE

Non, qu'est-ce qu'il a dit?

SUZANNE

E pur si muove.

LE VICOMTE

Ah! ah!

SUZANNE

« Et pourtant elle tourne! »

LE VICOMTE

Ah! parfaitement... elle tourne. De qui voulait-il parler déjà?

SUZANNE, *faisant un rond dans l'air avec le doigt.*

De la terre.

LE VICOMTE

I

Je suis vexé, veuillez m'en croire,
Et suis un peu honteux, ma foi,
D'avoir oublié cette histoire...
O Galilée, excuse-moi !
C'est pourtant vraï, la terre tourne !
Elle tourne, matin et soir !
Depuis le temps que j'y séjourne,
J'aurais dû m'en apercevoir !
Allons, c'est encore une gaffe...
Je n'ai pas de chance vraiment...

SUZANNE

C'est une faute d'orthographe,
D'orthographe, tout simplement. .

LE VICOMTE

Ah ! quel dommage ! Ah ! quel dommage !
Je vous le dis de tout mon cœur,
J'aurais appris bien davantage
Vous ayant comme professeur.

SUZANNE

Je suis sensible à cet hommage,
Croyez qu'il me va droit au cœur...
Auriez-vous appris davantage
En m'ayant comme professeur ?

LE VICOMTE

II

Suzanne, vous êtes trop bonne
Pour un homme trop ignorant !
J'ai peu fréquenté la Sorbonne,
Je le regrette maintenant...
Mon savoir vous paraît sommaire ?
J'ai des principes, étant bien né,
Mais les principes de grammaire
Ne m'ont, hélas ! jamais gêné !
Que de fois je reste en carafe
Devant un mot qui me fait peur !

SUZANNE

Monsieur, la meilleure orthographe...
Mais c'est l'orthographe du cœur !

LE VICOMTE

Ah ! quel dommage ! Ah ! quel dommage !
Je vous le dis de tout mon cœur,
J'aurais appris bien davantage
Vous ayant comme professeur.

SUZANNE

Je suis sensible à cet hommage,
Croyez qu'il me va droit au cœur,
Auriez-vous appris davantage
En m'ayant comme professeur...

ENSEMBLE

LE VICOMTE

Allons pas de regrets superflus... Vous êtes rudement

gentille pourtant et vous me plaisez beaucoup... beaucoup
plus que je ne saurais le dire...

SUZANNE

Taisez-vous, vous allez me faire rougir !

LE VICOMTE

Je n'insiste pas ! Au revoir ! Je reviens chercher mon
colis postal.

SUZANNE

Au revoir, Monsieur le Vicomte.

LE VICOMTE, *à Riri, au fond.*

Bonjour, Mademoiselle Riri.

RIRI

Votre servante, Monsieur le Vicomte.

(*Sort le Vicomte.*)

SCÈNE V

SUZANNE, RIRI

RIRI

Il est un peu godiche, Monsieur le Vicomte !

SUZANNE

Je vous prie, Mademoiselle Riri, de garder vos réflexions
pour vous.

RIRI

C'est bon, c'est bon !... Je dis que ce n'est pas mon
type, voilà tout !

4

SUZANNE

Mademoiselle Riri, vous n'êtes qu'une petite effrontée !...
Mon type !... En voilà une façon de parler !

RIRI

D'ailleurs, tous ces gens de province ne me plaisent pas
beaucoup.

SUZANNE

Tu regrettes donc de m'avoir accompagnée ?

RIRI

Non, parce que je vous aime bien... Mais avouez que le
bureau de poste de la rue Lafayette était plus rigolo qu'ici !
Seulement, voilà, vous étiez simple employée, vous avez
préféré être receveuse.

SUZANNE

Je vous ai rendu service, Riri, vous le reconnaîtrez un jour !

RIRI

Oh !

SUZANNE

A Paris, vous auriez fini par mal tourner.

RIRI

Bah !

SUZANNE

Le bureau était toujours encombré de petits jeunes gens
qui couraient après vous... Mademoiselle Riri est-elle
encore là ?... Mademoiselle Riri, s'il vous plaît ?... Car on ne
vous appelait plus Henriette, on vous appelait Riri... C'est
bien là le nom d'une petite bête dévergondée !

RIRI

Merci.

SUZANNE

Il était temps de vous arracher à ces fréquentations, Riri, je vous assure qu'il n'était que temps. J'espère qu'en province, vous allez mieux vous conduire.

RIRI, *souriant.*

Cela n'est pas bien commode !... Tous les naturels de ce pays tournent autour de nous... Et puis, il y a le téléphone, ce maudit téléphone dont je suis particulièrement chargée... Eh bien, il vous donne souvent de bien mauvais exemples, le téléphone !

SUZANNE

Comment cela ?

RIRI

COUPLETS

I

Le métier de téléphoniste
Est un métier assez troublant !
Comprenez-moi sans que j'insiste,
Et songez à ce qu'on entend !
Pour une jeune fille honnête,
Ce métier n'est pas sans danger.
Si parfois nous perdons la tête,
Il convient de nous excuser :
Allo, allo !
Allo, allo, allo, allo, allo, allo !

(*Elle imite un bruit de baisers.*)

(*Parlé.*) Oh ! assez !

> Pour un cœur chaud c'est très pénible,
> Le téléphone est un péril,
> Quand vibre ma corde sensible
> C'est que je suis au bout du fil.

II

> Or, le récepteur aux oreilles,
> Pauvre victime du devoir,
> J'entends mille choses pareilles
> Qui finissent par m'émouvoir.
> Mon cerveau trotte, trotte, trotte...
> Si vous saviez tout ce qu'il voit !
> Un je ne sais quoi m'asticote
> Des cheveux jusqu'au bout des doigts !
> Allo, allo !
Allo, allo, allo, allo, allo, allo !

> *(Elle imite un bruit de baisers.)*

(*Parlé.*) Oh ! assez !

> Pour un cœur chaud c'est très pénible,
> Le téléphone est un péril,
> Quand vibre ma corde sensible,
> C'est que je suis au bout du fil !

SUZANNE

Mademoiselle Riri, vous finirez très mal... Mais vous ne songez donc qu'à ça ?

RIRI

Que faire à Pressigny à moins que l'on n'y songe !... Mais, voici ces Messieurs.

SCÈNE VI

Lᴇs Mêmᴇs, PAGENEL *et* LEBARDIN, *à gauche.*

PAGENEL, *par le guichet.*

Auriez-vous la complaisance, mademoiselle, de me donner Wagram 15-48 ?

RIRI

Oui, Monsieur, j'y vais.

> (*Elle sort du bureau de poste, partie de droite, et va à la cabine téléphonique, à gauche.*)

PAGENEL

La ligne est-elle libre ?

RIRI

Elle doit l'être, Monsieur, je pense.

LEBARDIN, *saluant Suzanne.*

Votre santé est bonne, mademoiselle ?

SUZANNE

Excellente, monsieur, je vous remercie. A propos, il y a une dépêche pour vous.

LEBARDIN

Une dépêche de Blanchet, probablement.

SUZANNE

En effet. Voulez-vous la prendre ?

LEBARDIN

Ce n'est pas la peine. Je sais ce qu'il y a dedans. Soyez assez aimable pour la faire porter chez moi.

SUZANNE

Bien.

LEBARDIN

Au revoir, mademoiselle.

SUZANNE

Au revoir, monsieur.

LEBARDIN, *à Pagenel.*

Crois-tu qu'elle est jolie?...

RIRI, *dans la cabine.*

Allo! Allo! Paris! Allo!

LEBARDIN

Tout à fait Louisette.

PAGENEL

Et elle ne fait pas attention à toi,

LEBARDIN

Tout à fait Louisette.

PAGENEL

Tu es absurde... Cette petite femme-là n'est pas pour toi, tu as tort de t'acharner.

LEBARDIN

Je sais bien qu'elle n'est pas pour moi.

RIRI

Allo! Paris!

PAGENEL, *à Lebardin.*

Alors? ..

LEBARDIN

Il n'y a pas à discuter avec ces choses-là. Il m'arrive aujourd'hui exactement la même aventure qu'il y a vingt ans, avec un autre genre de femme.

RIRI

Allo! Paris, allo! Mademoiselle, donnez-moi Wagram 15-48, deux fois quatre, oui, deux fois quatre.

PAGENEL, *à Lebardin.*

Lui as-tu parlé, au moins?... As-tu essayé de lui faire comprendre?...

LEBARDIN

Je n'ai rien essayé du tout. A quoi ça me servirait-il ?

PAGENEL

Au fond, tu te trompes peut-être sur ton cas... Il est bien connu, ton càs... Tu ne désires pas une femme plutôt qu'une autre, tu désires une femme, n'importe laquelle. Tu es le chérubin de cinquante ans.

LEBARDIN

Tu me fais de la peine... Tu es un être sans idéal...

PAGENEL

A ta place... J'irais à Paris... Nous irons ensemble la semaine prochaine, si tu veux... et nous ferons une de ces petites fêtes qui nettoient l'imagination. Voilà ce dont tu as besoin .. Après quoi, tu rentreras à Pressigny et tu seras tranquille pour le reste de tes jours.

(Sonnerie.)

RIRI, *sortant.*

Vous avez la communication, monsieur.

PAGENEL

Bon. Merci.

(*Il entre dans la cabine.*)

LEBARDIN, *à Suzanne.*

Mademoiselle... Mademoiselle...

SUZANNE

Monsieur...

LEBARDIN

Votre santé... est bonne?...

SUZANNE

Très bonne...

LEBARDIN

Vraiment, très bonne?

SUZANNE

Mais oui, monsieur... elle continue à être excellente. .
Vous êtes trop aimable... (*Elle rentre dans le bureau de
poste par la porte du milieu. A part.*) Qu'est-ce qu'il a donc?

LEBARDIN, *à part.*

A-t-elle compris que je l'adore? Ce n'est pas probable!

PAGENEL, *quittant l'appareil téléphonique et à Riri.*

J'ai terminé, mademoiselle.

RIRI

Bien, monsieur.

PAGENEL

Voici, mademoiselle.

(*Il lui remet de la monnaie.*)

SCÈNE VII

Les Mêmes, MADAME LEBARDIN

MADAME LEBARDIN

Qu'est-ce que tu fais là?

LEBARDIN

J'ai accompagné Pagenel qui avait à téléphoner au ministère. Et puis je vais envoyer une dépêche à Blanchet.

MADAME LEBARDIN

Encore !

LEBARDIN

Pour l'inviter dimanche à déjeuner.

MADAME LEBARDIN, *soupçonneuse.*

Il y a quelque histoire là-dessous.

LEBARDIN

Oh !

MADAME LEBARDIN, *prenant à part Lebardin.*

Je vous préviens que si vous avez l'aplomb de faire la cour à la petite buraliste, comme tout l'indique... taisez-vous, comme tout l'indique... cela ne se passera pas ainsi.

LEBARDIN

Peux-tu croire?

MADAME LEBARDIN

Je crois ce que je veux. Je n'ai aucune confiance dans cette demoiselle.

LEBARDIN, *riant.*

Tu ne t'imagines pas à quel point... (*Appelant.*) Pagenel?

PAGENEL

Quoi?

LEBARDIN

C'est drôle, figure-toi... Ma femme qui s'imagine...

PAGENEL

Eh bien ?

LEBARDIN

Ma femme qui s'imagine que nous venons faire la cour à Mademoiselle Borel.

PAGENEL

Oh !

MADAME LEBARDIN

Je n'ai pas dit Monsieur Pagenel, j'ai dit : vous...

PAGENEL

Je vous assure... que Mademoiselle Borel est une très honnête personne sur laquelle il n'y a rien à dire.

MADAME LEBARDIN

Laissez-moi rire... hein? Mademoiselle Borel est très honnête pour le moment, c'est possible. Mais rappelez-vous ce que je vous dis, elle est de la graine dont on fait les cocottes. Que demain il se trouve un imbécile pour lui offrir une situation et vous verrez ce qu'elle deviendra l'honnêteté de Mademoiselle Borel !

LEBARDIN, *à part.*

Oh! quelle idée! (*A Madame Lebardin.*) Tiens, toi tu es tout de même une bonne femme. (*Il l'embrasse.*)

MADAME LEBARDIN

Ah ! ça, qu'est-ce qui te prend ? Qu'est-ce que tu as ?

LEBARDIN

Rien, tu ne comprendrais pas.

MADAME LEBARDIN

Enfin, écrivez vous votre dépêche ?

LEBARDIN

Oui. (*L'embrassant.*) Augustine, tu sais, je t'aime bien.

MADAME LEBARDIN

Mais je l'espère… Au revoir, Pagenel.

(*Elle sort.*)

SCÈNE VIII

LEBARDIN, PAGENEL

PAGENEL, *surpris.*

Ah ! ça ! qu'est-ce que tu as ?

LEBARDIN

Ah ! mon ami, une idée, une idée merveilleuse !

PAGENEL

Tu as une idée, toi ?

LEBARDIN

Non, pas moi ; c'est ma femme qui l'a eue.

PAGENEL

A propos de quoi ?

LEBARDIN

A propos de Mademoiselle Borel. Tu as entendu ce qu'elle a dit : Que demain il se présente un imbécile pour lui offrir une situation...

PAGENEL

Tiens! Tiens! En effet, pourquoi ne te présenterais-tu pas?

LEBARDIN

Justement, pourquoi ne me présenterai-je pas ? (*Très résolu.*) Alors je me décide!

PAGENEL

Tu as raison, morbleu! de la décision!

LEBARDIN

Tu vas voir, si j'en ai de la décision, et pour commencer je vais lui écrire.

PAGENEL

C'est ça.

LEBARDIN, *le bousculant.*

Et tout de suite! Va-t'en!

PAGENEL, *ébahi.*

Hein?

LEBARDIN

Va-t'en !

PAGENEL, *l'admirant.*

Ecoute, mon vieux, tu es superbe!

LEBARDIN

Va-t'en !

PAGENEL

Oui! Mais tu me raconteras...

(Il sort.)

SCÈNE IX

LEBARDIN, *seul à gauche*, SUZANNE, RIRI, *à droite*.

LEBARDIN

Je crois bien que je vais lui écrire ! Je ne peux pas rester dans cet état-là, je deviendrais enragé. Au moins, comme ça, je saurai. Je saurai même tout de suite... (*Il écrit, puis s'arrêtant.*) Elle va me flanquer à la porte... évidemment. (*Se remettant à écrire.*) « Mademoiselle Suzanne Borel, Pressigny. Poste restante. Amour ardent pour vous. Ferez de moi ce que vous voudrez. Vous offre situation à Paris, bijoux, appartement délicieux. Avenir assuré. Répondez immédiatement, vous en supplie !... » (*Parlé.*) Je crois que ce n'est pas la peine de signer...(*Il relit le télégramme.*) Oui, c'est très bien... Maintenant, faut-il le jeter au panier? Faut-il le lui remettre?... Tant pis ! Il faut... (*S'avançant au guichet.*) Mademoiselle?...

SUZANNE

Monsieur...

LEBARDIN

Un télégramme... (*Il hésite à le lui donner.*)

SUZANNE

Donnez.

5

LEBARDIN, *timidement.*

C'est un télégramme.

SUZANNE

Mais je le vois bien... (*Elle tire le papier de l'autre côté du guichet et se met à compter les mots avec une plume, comme on fait dans les bureaux de poste, six, sept.*) Mais... (*Elle a compté machinalement et sans lire. Peu à peu, elle déchiffre. Puis elle recommence et à mi-voix.*) Ah ! ça, mais... Mademoiselle Suzanne Borel... mais c'est moi... Poste restante !... Comment ! il m'envoie... Oh !

LEBARDIN

Qu'est-ce qu'elle va faire, mon Dieu, qu'est-ce qu'elle va faire ?

SUZANNE

Oh ! oh! oh !

LEBARDIN, *balbutiant, au guichet.*

Mademoiselle !

SUZANNE

Monsieur ?

LEBARDIN

Est-ce que vous avez pris connaissance du télégramme?

SUZANNE

Parfaitement.

LEBARDIN

Et alors ?

SUZANNE, *recomptant les mots.*

Cinquante-trois, cinquante-quatre.

LEBARDIN, *répétant.*

Et alors ?

SUZANNE, *froidement.*

C'est deux francs soixante-dix, monsieur.

LEBARDIN

Vous dites ?...

SUZANNE

Je dis que c'est deux francs soixante-dix.

LEBARDIN, *ahuri.*

Voici, mademoiselle, voici... Seulement écoutez-moi. Je vous en supplie, écoutez-moi. Je vais aller à Paris, vous installer. Ne vous fâchez pas. Ne vous fâchez pas avant de savoir. Je vais aller à Paris vous installer, et quand vous serez installée vous ferez ce qu'il vous plaira. Vous ne me recevrez que si ça vous convient. Si ça ne vous convient pas de me recevoir, vous me mettrez à la porte. D'ailleurs, je n'irai pas vous voir souvent. Je n'irai presque jamais. Vous comprenez, je ne suis pas libre. Vous, vous serez libre. Vous ne pouvez pas refuser ça. Vous n'êtes pas faite pour être fonctionnaire. Vous n'avez aucun avenir ici, aucun. Il vous arrivera des tas de désagréments. Receveuse des Postes, est-ce que c'est une situation, pour une femme comme vous ? Réfléchissez. Je vous adore, et je ne vous demande rien en échange... Rien !... rien !... Maintenant, je sors... je sors... Réfléchissez !

SCÈNE X

SUZANNE, *seule, puis* RIRI

SUZANNE, *seule.*

Eh bien, il en a du toupet. (*A Riri qui entre.*) Tu as
entendu ?

RIRI

Oui, j'ai entendu... Et moi... à votre place...

SUZANNE

A ma place...

RIRI

Eh bien ! à votre place, je sais bien ce que je ferais, moi?

SUZANNE

Et que ferais-tu ?

RIRI

Moi ?

SUZANNE

Oui...

RIRI

J'accepterais.

SUZANNE, *indignée.*

Oh !

RIRI

Parfaitement, j'accepterais.

SUZANNE

Mais tu perds la tête, n'est-ce pas?

RIRI

Il a raison, Monsieur Lebardin. Vous ne pourrez jamais rester ici.

SUZANNE

Je te prie de te taire !

RIRI

Vous verrez, vous verrez... Je sais ce que je dis.

SUZANNE

En voilà assez, Riri. Vous n'avez aucune espèce de moralité ! Et je vous prie, vous entendez, je vous prie de ne jamais plus me parler de ça. Maintenant, occupons-nous de notre ouvrage... (*Prenant le télégramme.*) D'abord, envoyons sa dépêche à ce monsieur, puisqu'il n'a pas voulu la prendre. Où est le gamin qui porte les dépêches ?

RIRI

Auguste ? Il doit être en courses.

SUZANNE

Qu'est-ce que je vais faire de ces quatre francs quatre-vingt-quinze ?

SCÈNE XI

Les Mêmes, UN JEUNE POILU

SUZANNE

Qu'est-ce que je vais en faire de ces quatre francs quatre-vingt-quinze. (*Paraît un militaire.*)... Vous désirez ?

UN MILITAIRE

Toucher un mandat de cent sous, mademoiselle.

SUZANNE

Bien... signez l'acquit.

LE MILITAIRE

Voilà, mademoiselle.

SUZANNE

Voici vos cent sous.

LE MILITAIRE

Merci, mademoiselle.

(Il s'éloigne.)

SUZANNE

Eh ! Militaire ?

LE MILITAIRE

Mademoiselle ?

SUZANNE

Vous oubliez cà.

LE MILITAIRE

Qu'est-ce que c'est ?

SUZANNE

Vous voyez c'est quatre francs quatre-vingt-quinze.

LE MILITAIRE

J'ai déjà mes cent sous.

SUZANNE

Ça ne fait rien, prenez tout de même... oui, oui... c'est comme ça maintenant, chaque fois qu'un militaire viendra toucher un mandat de cent sous on lui donnera quatre francs quatre-vingt quinze en plus.

LE MILITAIRE

C'est joliment commode !

SUZANNE

C'est la dernière réforme du Ministre de la Guerre.

LE MILITAIRE

On peut dire que çà en est une... de réforme et une vraie... au revoir, mademoiselle... à la prochaine fois.

(Il sort.)

SCÈNE XII

Les Mêmes, AUGUSTE

(Auguste est joué par une actrice en travesti.)

RIRI

V'là Auguste !...

SUZANNE

Tenez, petit, ce télégramme à Monsieur Lebardin.

AUGUSTE

Bien, mademoiselle.

SUZANNE

Ne flânez pas en route, n'est-ce pas !

AUGUSTE

Jamais, mademoiselle.

(Il va vers le fond.)

SUZANNE

Je vais voir si les colis postaux sont arrivés.

(Elle sort par le fond.)

SCÈNE XIII

RIRI, *puis* AUGUSTE

*(Dès que Suzanne est sortie, Auguste rouvre la porte
et se précipite vers Riri.)*

DUETTINO

RIRI

O mon Auguste !

AUGUSTE

O ma Riri !

RIRI

Chut ! chut ! chut ! plus bas, mon chéri !

AUGUSTE

C'est bon ! C'est bon, oui, j'ai compris !
Car nous risquons d'être surpris !
Comment faut-il que je t'embrasse ?
Parle vite ! car le temps passe...

RIRI

Embrasse-moi tout doucement
Tout doucement et vivement,
Car il faut que tu sois prudent,
Mon joli petit garnement !

AUGUSTE

Alors, à ce soir, dans la grange ?

RIRI

Oui, mon trésor !

AUGUSTE

Merci, mon ange !

(*Il l'embrasse.*)

RIRI

Chut ! chut ! chut ! plus bas mon chéri,
Car nous risquons d'être surpris !

AUGUSTE

Encore un p'tit baiser, de grâce,
Et, vite, je quitte la place !

RIRI

Embrasse-moi tout doucement,
Tout doucement, et vivement
Car il faut que tu sois prudent,
Mon joli petit garnement !

AUGUSTE

Je t'embrasse bien doucement,
Tout doucement et vivement,
Car je veux être très prudent,
Il t'aime tant ton garnement.

RIRI

Et maintenant, pars.

AUGUSTE

A ce soir, dans la grange ?

RIRI

Dans la grange, c'est entendu.

AUGUSTE, *embrassant encore.*

Oh ! ma Riri !   (*Entre Suzanne.*)

5.

SCÈNE XIV

Les Mêmes, SUZANNE

SUZANNE, *les apercevant dans les bras l'un de l'autre.*
Oh !

> (*Auguste sort vivement.*)

RIRI
Là !... J'étais sûre que nous finirions par être pincés.

SCÈNE XV

SUZANNE, RIRI

SUZANNE
Mademoiselle, vous déshonorez l'Administration des Postes.

RIRI
C'est ce gamin...

SUZANNE
Comment !... vous n'êtes ici que depuis un mois...

RIRI
Ce n'est pas de ma faute, il m'embrassait de force.

SUZANNE
De force ! Vous appelez ça de force ! Regardez-moi donc en face... Vous riez ? Oh ! Il y a bien de quoi ! Vous me mettez dans une jolie situation. Il est impossible de garder Auguste.

RIRI

Oh !

SUZANNE

Ça retomberait sur moi.

RIRI

Mais personne ne sait rien.

SUZANNE

On finira par vous pincer comme je viens de le faire.

RIRI

C'est impossible, nous allons dans la grange du père Fouat.

SUZANNE

Vous avez l'audace d'aller dans une grange, tous les deux seuls !

RIRI

Dame !

SUZANNE

C'est trop fort ! Et à quelle heure ?

RIRI

Le soir... tous les soirs.

SUZANNE

Et depuis quand, petite malheureuse ?

RIRI

Depuis lundi... On avait dansé ensemble, dimanche au bal... Il m'avait embrassée tout le temps, et alors, après le bal, en rentrant...

SUZANNE

Vous êtes allés dans la grange ?

RIRI

Non... parce qu'il y avait déjà quelqu'un.

SUZANNE, *indignée.*

Oh !

RIRI, *tranquillement.*

On est resté sur la route.

SUZANNE

Vous êtes révoltante, Riri, je vous assure ; vous êtes abominable... (*Avec une certaine curiosité.*) Alors Auguste est votre amant ?

RIRI

Oh ! ça oui.

SUZANNE

C'est le premier, j'espère.

RIRI

A peu près.

SUZANNE

Et vous allez vous marier, au moins ?

RIRI

Avec qui ?

SUZANNE

Avec Auguste.

RIRI, *très sincère.*

Pourquoi faire, maintenant ?

SUZANNE

Tenez, je n'insiste pas, vous êtes d'une inconscience qui désarme. Vous n'avez pas l'ombre de dignité et vous compromettez votre carrière.

RIRI

Ma chère, quand ce sera votre tour d'être amoureuse,
nous verrons ce que vous ferez.

SUZANNE

Moi, amoureuse !...

DUO

I

RIRI

Ma chère, vous me faites rire,
L'amour ne vous préviendra pas !
Aucun n'échappe à son empire,
S'il veut vous conduire au faux-pas...
On proteste, on résiste, on lutte
Et puis, cric crac, un beau matin,
La plus forte y perd... son latin
Et sa vertu fait la culbute !

Cela vous viendra, cela vous viendra,
En vain, on fait les bons apôtres !
L'Amour vous aura, l'Amour vous aura
— Car il peut tout, le scélérat —
Il vous aura... comme les autres !

SUZANNE

Il ne m'aura pas, il ne m'aura pas !
Je vous vois venir bon apôtre !
Monsieur Cupidon peut m'ouvrir ses bras...
Je lui dirai sans embarras :
— Vous confondez avec une autre !

II

RIRI

Mais voyez vos yeux, votre bouche,
Et votre taille faite au tour !
Vous n'avez rien d'une Nitouche,
Vous êtes promise à l'amour !
Et quel mal faisons-nous, en somme,
En cédant au plus doux plaisir,
Ayant ce qu'il faut pour remplir
Le cœur... et la main d'un brave homme !

Tous ces charmes-là, tous ces charmes-là
Ne seront pas toujours les vôtres !
Quelqu'un les aura, quelqu'un les aura...
    — Et les appas qu'on ne voit pas —
Il les aura... comme les autres !

SUZANNE

Tous ces charmes-là, tous ces charmes-là,
    (Je parle des miens, non des vôtres)
Nul ne les aura, nul ne les aura,
    — Et surtout ceux qu'on ne voit pas... —
On les aura moins que les autres !

RIRI

La bonne histoire ! Vous ne resterez pas vierge toute
votre vie !

SUZANNE

En voilà des expressions ! Pardon ! Et de qui serais-je
folle ? Vous n'oubliez que ce détail ?

RIRI

De qui ?

SUZANNE

Sera-ce d'un paysan ou bien d'un prince?

RIRI

Ni de l'un, ni de l'autre, mais c'est plutôt d'un prince que d'un paysan, puisque c'est un vicomte.

SUZANNE

D'un vicomte? De quel vicomte? Ah! Ah! comment tu veux parler de...

RIRI

Oui... Oui...

SUZANNE

De Monsieur de Samblin?

RIRI

De Monsieur le Vicomte Edgar de Samblin, parfaitement.

SUZANNE

De ce nigaud, de ce grand garçon, ignorant comme une carpe, qui ne sait seulement pas comment s'écrit Galilée!...

RIRI

Il le sait maintenant, vous le lui avez appris.

SUZANNE

Tiens! Riri, tu es folle, tu es littéralement folle, tu ne t'imagines pas les énormités que tu dis.

RIRI

Il n'y a qu'à vous voir quand vous lui parlez.

SUZANNE

Mais, ma pauvre petite, je ne fais que me moquer de lui.

RIRI

Vous croyez?

SUZANNE

Quand il me parle, j'ai toujours envie de lui rire au nez...
j'ai envie de... de...

RIRI

Vous ne savez pas de quoi vous avez envie. Eh bien!
quand on ne sait pas de quoi on a envie, c'est l'amour.

(Elle sort.)

SCÈNE XVI

SUZANNE, seule.

(Elle reste un instant songeuse après la sortie de
Riri, classe quelques lettres dans un casier,
puis s'arrête de travailler...)

L'Amour?.....

L'Amour? L'Amour? Ah! dans quel trouble me voilà,
Pour un tout petit mot, pas plus grand que cela...
Allons, Suzanne, allons! Pourquoi fais-tu la moue?
Contre ce mot, en vain, tu te défends... Avoue!

  J'avoue! et je vois la puissance
  D'un mot que, dans notre existence,
  Un démon vous souffle à propos...
  Mon cœur si fier, jadis si calme,
  Si digne d'une blanche palme,
  Commence à perdre son repos!

Moi ! l'amoureuse du Vicomte !
Je croyais que c'était un conte,
— Un vrai conte à dormir debout, —
Et je m'aperçois, non sans honte,
Que ce Vicomte était un conte
Qui fait qu'on ne dort pas du tout !...

J'ai le souvenir d'un visage
Qui m'occupe plus que d'usage,
C'est un souvenir persistant...
Il me poursuit, il me tracasse...
Je veux l'oublier, je le chasse,
Mais il reparaît dans l'instant !

Je veux pleurer, puis je veux rire,
Je veux parler, puis ne rien dire,
Je suis très nerveuse en effet !
C'est que je suis sous la surprise
D'un mot qui me trouble et me grise
Et me fait un drôle d'effet !

Je ne suis encore à personne,
Pourtant, malgré moi, je frissonne,
Et je crois même que j'ai peur !
J'ai chaud, j'ai froid, je perds la tête...
Dans quel émoi cela vous jette
Ce qu'on appelle le bonheur !

Alors, oui, si l'amour consiste
A sourire quand on est triste,
A prendre la nuit pour le jour,
A pleurer quand on est heureuse...
Alors oui, je suis amoureuse
Si tout cela, c'est de l'amour !

SCÈNE XVII

LE VICOMTE, SUZANNE

LE VICOMTE, *sur le seuil.*

On peut entrer?

SUZANNE

Mais... oui... certainement...

LE VICOMTE

Mon paquet est-il arrivé?

SUZANNE

Que. paquet?

LE VICOMTE

Mon colis postal, vous savez bien...

SUZANNE

Le voici. Il vient d'arriver.

LE VICOMTE

Je parie que vous ne devinez pas ce que c'est?

SUZANNE

J'hésite entre des cartouches et des cravates!

LE VICOMTE, *riant.*

Ni l'un ni l'autre!

SUZANNE

Ah! Ah!

LE VICOMTE

Vous ne devineriez jamais, j'aime mieux vous le dire...
Ce sont des lettres de faire part.

SUZANNE

De faire part... de quoi?

LE VICOMTE

De mon mariage.

SUZANNE, *suffoquée.*

Vous... vous... vous vous mariez?

LE VICOMTE

Voilà comment je suis.

> SUZANNE *chancelle légèrement et passe la main sur son front. Ce manège passe inaperçu du Vicomte qui défait son paquet et examine les lettres. Puis elle dit, avec effort :*

Mes compliments, Monsieur le Vicomte...

LE VICOMTE

Et, comme mon opinion sur vous est très bonne, tout ce qu'il y a de meilleur, je veux que vous veniez chez moi après mon mariage. Vous ferez la connaissance de ma femme...

SUZANNE

Ah! non, par exemple!

LE VICOMTE

Et pourquoi ça, s'il vous plaît?

SUZANNE

Pour rien N'insistez pas, je vous prie...

LE VICOMTE

Oh! je devine, vous avez peur qu'on ne jase dans le pays en voyant le Vicomte et la Vicomtesse de Samblin recevoir familièrement dans leur château « la petite buraliste » comme on vous appelle.

SUZANNE

Je m'en moque un peu qu'on jase !

LE VICOMTE

Et moi donc ! Nous vivons à une époque où l'on ne doit plus avoir de préjugés ! Si personne n'avait plus de préjugés, ils ne tarderaient pas à disparaître !

SUZANNE

Je suis bien de votre avis...

LE VICOMTE

Une simple receveuse des postes qui est honnête vaut bien une femme du monde qui ne l'est pas.

SUZANNE

Et même qui l'est !

LE VICOMTE

Parfaitement. Ah ! ah ! parfaitement ! vous êtes charmante... Voyons, dites-moi que vous viendrez chez nous ?

SUZANNE

Je vous ai dit non, c'est non.

LE VICOMTE

Qu'est-ce qu'il y a ? Nom d'un chien, qu'est-ce qu'il y a ? C'est agaçant à la fin de ne pas vouloir me dire...

SUZANNE

Il n'y a rien, là ! Moi aussi, à la fin, ça m'agace, ça m'agace ! Je ne vous demande rien, n'est-ce pas ? Je n'ai rien fait pour que vous m'invitiez !... Je vous remercie

beaucoup, beaucoup, je vous suis très reconnaissante...
C'est très flatteur pour moi, pour une simple receveuse des
postes, d'être invitée au château de Sous-Bois. Je n'oublierai
jamais l'honneur que vous me faites. Mais j'ai bien le droit
de refuser, je suppose ! Je ne veux voir personne, personne !
en ai-je le droit, oui ou non ? C'est vrai ça... mariez-vous
et laissez-moi tranquille. Si je ne suis plus libre. . de... de...
C'est vrai ça ! (*Elle s'arrête légèrement suffoquée.*) Je ne sais
plus quoi dire... aussi... je ne sais plus quoi dire...

LE VICOMTE

Vous allez vous trouver mal ?

SUZANNE

Non, non... laissez... ce n'est rien, c'est passé... je ris...
vous voyez... je ris...

LE VICOMTE

Ah ! tant mieux, tant mieux...

SUZANNE

Et, quel jour le mariage?... à quelle heure? à quel
endroit?... Quel est le nom de l'heureuse épouse ?...

LE VICOMTE

Ecoutez ! Je vais vous lire le faire part... ce sera plus
simple. C'est un faire part que j'ai rédigé moi-même... Ce
n'est pas le faire part de tout le monde... Vous allez voir !

> J'ai l'honneur de vous faire part
>   Du prochain mariage
> Du Vicomte Samblin (Edgard),
>   Seigneur de haut lignage,
> Dont les aïeux au moyen âge
> Se sont fait une place à part !

La jeune femme qu'il épouse
(Dont plus d'une sera jalouse)
S'appelle Hermance de Liseuil !
Par un prélat d'Araucanie
Leur union sera bénie...
— Je vous l'apprends, non sans orgueil. —

Pour annoncer cette hyménée,
Les cloches, toute la journée,
Carillonneront sans surseoir.
On sonnera jusqu'à la brune,
Même pendant le clair de lune,
Car je me marierai le soir !

C'est à minuit, dans la chapelle
De mon vieux manoir qui s'appelle
Le château de Samblin-sous-Bois,
Qu'on échangera l'alliance
— Doux symbole de confiance —
Le vingtième jour de ce mois !

Dans la salle du Connétable,
Grand souper par petites tables,
Bal, cotillon, et cœtera,
Nous aurons des violonistes,
Des pianistes, des harpistes
Et des chanteurs de l'Opéra !

... Après ?... Après c'est le mystère
Sur lequel il vaut mieux se taire !
    J'ai dit, je crois, l'essentiel ;
Et mon cœur ingénu et tendre,
N'a plus, désormais, qu'à attendre
    La bénédiction du ciel !

En attendant
Ce beau moment,
J'ai l'honneur de vous faire part
Du prochain mariage
Du Vicomte Samblin (Edgard),
Seigneur de haut lignage,
Dont les aïeux au moyen âge
Se sont fait une place à part !

(Se retournant vers Suzanne.)
Que pensez-vous de cette lettre ?

SUZANNE, *les doigts devant les yeux pour cacher ses larmes.*
Elle est très bien... elle est très bien !

LE VICOMTE, *s'approchant d'elle et lui ôtant les mains*
de devant les yeux.
Pardon ! voulez-vous me permettre ?...
— Quoi ! Vous pleurez ?

SUZANNE
Non ! ce n'est rien !
Je n'ai pas de chagrin ! Je pleure
C'est que je suis nerveuse ce matin !

LE VICOMTE
Moi, je veux connaître sur l'heure
La cause de ce gros chagrin ?

SUZANNE
C'est un secret, je veux le taire !...
Ne m'obligez pas à rougir !...

LE VICOMTE
Tout cela me cache un mystère
Que je voudrais approfondir.

SUZANNE

Tâchez de deviner vous-même...

LE VICOMTE

Oh ! ce serait trop insensé !
M'aimeriez-vous ?

SUZANNE

Oui, je vous aime
Et vous voilà bien avancé !

LE VICOMTE

Quoi vous m'aimez ?

SUZANNE

Oui, je vous aime,
Je vous l'ai dit ! Allez-vous en !

LE VICOMTE

Mais non, car ma peine est extrême
Et me voilà triste à présent !

SUZANNE

N'en parlons plus ! C'était un rêve !
C'était un espoir insensé...

LE VICOMTE

Est-il possible qu'il s'achève
Juste au moment de commencer ?

LE VICOMTE

Vous m'auriez appris l'orthographe !

SUZANNE

Vous m'auriez enseigné l'amour...

LE VICOMTE

Et je n'aurais plus fait de gaffes...

SUZANNE

Je venais à votre secours !

LE VICOMTE

Je vous obéissais sans trève...

SUZANNE

Je vous grondais, mais de tout cœur...

LE VICOMTE

J'aurais été le doux élève...

SUZANNE

Et moi, le tendre professeur !

LE VICOMTE

Quelle existence quand j'y pense !

SUZANNE

Ah ! taisez-vous, mon cœur se fend !

LE VICOMTE

Quand j'y pense, quelle existence !

SUZANNE

Moi, je pleure comme une enfant !

LE VICOMTE

Existence bien combinée...

SUZANNE

Laissant peu de place à l'ennui !

LE VICOMTE

Vous, mon maître dans la journée,

SUZANNE

Et vous, mon maître dans la nuit !

ENSEMBLE

LE VICOMTE

C'était un rêve !

SUZANNE

Un joli rêve !

LE VICOMTE

Je suis vraiment très ému, ma chère Suzanne ! très ému...
Voyez-vous, c'est un peu de votre faute. Le premier qui
est amoureux devrait venir le dire à l'autre immédiatement.
Si vous aviez agi ainsi à ce moment-là, les lettres de faire
part n'étaient pas commandées, je n'avais pas donné ma
parole, et je vous aurais répondu : « Eh bien ! attendons un
peu, nous allons voir ce qui va se passer. »

SUZANNE

Non ! c'est trop fort !

LE VICOMTE

Et j'irai plus loin, je vous aurais épousée.

SUZANNE

Oh !

LE VICOMTE

Parfaitement, moi, le vicomte de Samblin, j'aurais épousé
la petite receveuse des postes de Pressigny. Ça aurait été
un mariage moderne... Par malheur... il est trop tard.

SUZANNE

Taisez-vous...

LE VICOMTE

Il est trop tard. N'en parlons plus... puisqu'il est trop tard... Et vous, qu'est-ce que vous allez faire ?

SUZANNE

Est-ce que je sais ?

LE VICOMTE

Il y a bien une combinaison.

SUZANNE

Une combinaison ?

LE VICOMTE

Il y a bien une combinaison qui arrangerait tout, mais vous ne voudriez probablement pas...

SUZANNE

Une combinaison ?...

LE VICOMTE

Ce serait que vous deveniez... (*Il s'arrête.*) Non, vous ne voudrez pas.

SUZANNE

Que je devienne, quoi ?

LE VICOMTE

Je vais toujours vous le dire, vous en ferez ce que vous voudrez... Que vous deveniez ma bonne amie...

SUZANNE, *indignée.*

Par exemple !...

LE VICOMTE

Ça arrangerait tout...

SUZANNE

Vous perdez la tête, n'est-ce pas ? Pour qui me prenez-
vous ?

LE VICOMTE

Ne vous fâchez pas... ne vous fâchez pas... Je cherche !
Parce que, maintenant, après ce que nous nous sommes dit,
je m'intéresse beaucoup à vous. Il y a entre nous un petit
lien... On ne peut pas être mari et femme, on ne sera pas
amant et maîtresse, et nous ne sommes tout de même pas
des étrangers.. nous sommes... quelque chose qui n'a pas
de nom, mais qui est très gentil... Donnez-moi la main. Je
vous laisse. Au revoir, mademoiselle Suzanne..., ma chère
Suzanne...

SCÈNE XVIII

SUZANNE, *puis* LE CHŒUR, RIRI, AUGUSTE,
LEBARDIN, PAGENEL

SUZANNE

Ah ! non ! la vie n'est plus possible ici, maintenant...
j'ai besoin d'oublier, de m'étourdir... (*Les gens de la poste
restante rentrent par petits groupes.*) Oh ! zut !

SUZANNE

Riri, occupe-toi de ces gens-là... Moi, je n'en peux plus.

RIRI

Que se passe-t-il ?

SUZANNE, *voyant paraître Lebardin et Pagenel.*

Tu vas le savoir !

LEBARDIN, *sur le seuil de la porte, à Pagenel.*

Entre le premier, moi, je n'ose pas...

SUZANNE

Entrez, entrez et sans frayeur. Approchez, mon cher Lebardin.

LEBARDIN

Mon cher Lebardin ! elle a dit mon cher Lebar... J'accours.

SUZANNE

J'ai changé d'avis !

LEBARDIN

Ciel !

SUZANNE

Laissez le ciel tranquille... Je viens de vous choisir, comme... comment dites-vous cela ?... comme... enfin ce que Cromwell était pour l'Angleterre... comme protecteur...

FINALE

LE CHŒUR

Ah ! quel honneur !
Son protecteur ! !

LEBARDIN

Ah ! quel bonheur !
Son protecteur !

LE CHŒUR

Quelle nouvelle !
Quelle nouvelle !

Sous un jour nouveau se révèle
Sa jeune personnalité !

LEBARDIN, *à part.*

Je sens que ma pauvre cervelle
Dans un moment doit éclater !

PAGENEL, *à Suzanne.*

C'est sûrement un coup de tête
Et je ne vous reconnais plus !

SUZANNE

Ma décision est très nette,
Tous vos conseils sont superflus.

RIRI, *à Suzanne.*

C'est le Vicomte, Dieu me damne,
Qui vous fait chavirer le cœur ?

SUZANNE, *lyrique, solennelle.*

Peut-être ! Connais donc Suzanne,
Suzanne et toute sa fureur !

(*S'adressant à Lebardin.*)

Cher Lebardin, puisqu'ainsi l'on vous nomme,
Jurez d'agir toujours en gentilhomme !
Est-ce que vous me donnerez
Tout ce que je désirerai ?

LEBARDIN

C'est juré ! C'est juré !

LE CHŒUR

C'est juré ! C'est juré
C'est même enregistré !

SUZANNE

Il faudra m'obéir au doigt, à l'œil ?

LEBARDIN

Oui, Suzanne, ce sera mon orgueil,
Je vous obéirai au doigt, à l'œil.

LE CHŒUR

Au doigt, à l'œil !
C'est son orgueil !
Au doigt, à l'œil !
C'est son orgueil !

SUZANNE, *trépidante*.

COUPLETS

Je veux automobiles,
Des robes, des bijoux,
Des bibelots fragiles
Qui coûtent des prix fous !
Il me faut des dentelles,
Mes peintres préférés,
Un manoir à tourelles,
Des laquais chamarrés...
— Bref, dans un beau décor,
Je veux rouler sur l'or.

LE CHŒUR

Oui, dans un beau décor,
Vous roulerez sur l'or !

LEBARDIN

Ah ! demandez encor !
Vous roulerez sur l'or !

SUZANNE

Il faut qu'à mon service
Vous soyez toujours prêt ;
Qu'à mon moindre caprice
Vous cédiez sans regret ;
Que votre humeur charmante
M'évite tout souci.
Et si je suis méchante,
Vous me direz merci !
— Il faut qu'en tout, tout, tout,
Vous soyez mon toutou !

LE CHŒUR

Il faut qu'en tout, tout, tout,
Vous soyez son toutou !

LEBARDIN

Mais oui, pour tout, tout, tout,
Je serai son toutou.

SUZANNE

Le plaisir me convie
Dans son riant chemin !
Je vais vivre ma vie
Et noyer mon chagrin !
Suivez-moi sans réplique
Et sans plus de discours,
L'instant psychologique
Est un instant très court !
Adieu, ma petite Riri !
    (*A Auguste.*)
Auguste, je te la confie,
Et tous les deux, je vous bénis !

LE CHŒUR

Alors, en route pour Paris !

SUZANNE *et* LE CHŒUR

Allons faire la fête !
Le sort en est jeté !
Car si je perds la tête,
C'est la fatalité !
Tant pis si Pressigny
Au réveil est surpris...
Adieu donc, chers amis !
En route pour Paris !
En route pour Paris !
Pour Paris ! pour Paris !

LE CHŒUR

Allez faire la fête !
Le sort en est jeté !
Si vous perdez la tête,
C'est la fatalité !
Tant pis si Pressigny
Au réveil est surpris...
Adieu donc, mes amis !
En route pour Paris !
En route pour Paris !
Pour Paris ! Pour Paris !

RIDEAU

ACTE III

La scène représente le promenoir, dans un grand music-hall parisien
pendant un entr'acte.

A gauche du spectateur, une baraque de danses du ventre et un tir au
pistolet et à la carabine.

A droite du spectateur, un bar. Sur les chaises hautes, devant le
comptoir du bar, habitués et habituées de l'établissement se tiennent
en équilibre.

Devant le bar, quelques guéridons où des consommateurs sont assis.

Au fond, un grand rideau s'ouvrant et se fermant à volonté. Ce rideau
sépare le promenoir de la salle de théâtre.

Au milieu de la scène, un grand espace libre, dans lequel, au lever
du rideau, des danseuses de l'établissement dansent.

Les cocottes de l'établissement accostent les promeneurs.

Un orchestre joue.

Grand brouhaha. Cris des danseuses de la danse du ventre, mêlés aux
coups de pistolet de la baraque de tir et aux coups d'archet des
tziganes.

SCÈNE PREMIÈRE

Tziganes, Cocottes, Rastas, Bouquetières, Gigolos,
Dames du Bar

CHŒUR DES COCOTTES

Marchant toujours, c'est nous qui sommes
Les déesses du promenoir!
Nous savons allumer les hommes
De notre œil crayonné de noir.

CHŒUR DES RASTAS

Venant de Madrid ou du Caire,
Et, d'ailleurs, de tous les États,
Notre existence est très précaire...
C'est nous qui sommes les rastas !

CHŒUR DES BOUQUETIÈRES

Nous, nous sommes les bouquetières
Et nous faisons payer cinq louis
Des fleurs de la saison dernière
A de vieux clients abrutis !

CHŒUR DES GIGOLOS

Aimés des Dieux, chéris des dames,
Grands ou petits, mais jamais gros,
Notre nom est tout un programme...
Car nous sommes les gigolos !

ENSEMBLE

Nous dépensant jusqu'à l'aurore,
Dans nos divers arts d'agrément,
Nous sommes la faune et la flore
De ce bel établissement !

SCÈNE II

LEBARDIN, PAGENEL, SUZANNE, DELPHINE

*(Ils sortent de la salle de spectacle et vont s'asseoir
devant un guéridon.)*

PAGENEL

Garçon ! Garçon !

LE GARÇON

Voilà, monsieur! Que désirez-vous prendre?

LEBARDIN

Mesdames, que voulez-vous boire?

SUZANNE

Une bénédictine.

DELPHINE

Moi aussi.

LEBARDIN

Moi aussi.

PAGENEL

Eh bien moi je prendrai une coupe de champagne.

DELPHINE

Je te le défends! Cela ne vaut rien pour tes rhumatismes!

SUZANNE

Soyez raisonnable, Monsieur Pagenel!

PAGENEL

Raisonnable! moi! Vous allez voir... Viens, Delphine...
(Il l'entraîne et danse avec les cocottes.)

LEBARDIN

Bravo! bravo!

SUZANNE

Tous mes compliments!

PAGENEL

Voilà comme nous sommes, nous autres! Tu vois, Delphine, que mes articulations sont en parfait état!

Tous mes compliments aussi, Delphine! Vous dansez comme un ange!

Elle a tous les talents! Elle danse, elle chante, elle tire au pistolet... Elle est de première force au pistolet... Tiens! va faire un carton et montre ton adresse à Mademoiselle Suzanne. Vous avez le temps avant la fin de l'entr'acte.

Je vous accompagne... Moi, je vais tirer à la carabine! J'espère que cela me distraira un peu...

(Elles se lèvent et vont au tir.)

SCÈNE III

LEBARDIN, PAGENEL

Dis-moi, mon bon Lebardin, nous n'avons pas encore eu le temps de causer tranquillement... J'ai reçu ton petit mot ce matin m'annonçant ton arrivée et me demandant de dîner et de passer la soirée avec toi. Tu m'as permis d'amener mon amie. Nous avons dîné et nous avons échoué dans ce music-hall. Nous voici tous les deux seuls. Réponds-moi. Quand rentres-tu à Pressigny?

Demain après déjeuner.

PAGENEL

Tu es arrivé hier soir, par le train de onze heures?

LEBARDIN

Oui.

PAGENEL

Et ta femme? Qu'est-ce que tu as raconté à ta femme?

LEBARDIN

Ça, c'est le point noir. J'ai dit que Blanchet mariait une de ses nièces et qu'il me suppliait d'être témoin. J'ai même emporté mon habit pour donner plus de vraisemblance.

PAGENEL

Et ça a pris?

LEBARDIN

Ça a eu l'air de prendre. Ma femme m'a dit : « Ce bon Blanchet, tu l'embrasseras pour moi. »

PAGENEL

Tu l'as embrassé?...

LEBARDIN

Je n'ai pas pu. Il avait quitté Paris hier soir.

PAGENEL

Tout ça va très bien.

LEBARDIN

Espérons-le, mon ami, espérons-le.

PAGENEL

Alors tu es ici depuis vingt-quatre heures... Heureux homme! Heureux homme! Elle est charmante, tu sais, c'est une maîtresse délicieuse, je te fais mes compliments bien sincères.

LEBARDIN

Oh! ne va pas croire des choses...

PAGENEL

Pas de fausse modestie! D'autant plus que je peux te le
dire maintenant, je ne le croyais pas.

LEBARDIN

Qu'est-ce que tu ne croyais pas?

PAGENEL

Que tu réussirais. Quand tu m'as demandé d'aller te louer
un appartement à Paris, de le meubler, j'étais convaincu
que tu te faisais des illusions. Tu l'as enfin, ta Louisette,
cette fois-ci!

LEBARDIN

Il est inutile de rappeler... de rappeler... Quelle manie
tu as!

PAGENEL

C'est une belle revanche! Tu as mis vingt ans à la prendre,
mais tu l'as bien prise. Dis-moi?

LEBARDIN

Quoi?

PAGENEL

Suzanne est exquise, n'est-ce pas?

LEBARDIN

Exquise.

PAGENEL

Une fraîcheur... une jeunesse...

LEBARDIN

Oui!

PAGENEL

Une grâce !...

LEBARDIN

Oui.

PAGENEL

Hum !... Elle devait être l'innocence même ?

LEBARDIN

Oui... Oui...

PAGENEL

Un rêve, enfin !

LEBARDIN

Tu l'as dit, un rêve.

PAGENEL

Je ne te demande pas de détails.

LEBARDIN

Je ne t'en donnerais pas.

PAGENEL

Ah ! elles t'en auront fait faire, dans la vie, les petites femmes à l'air candide et virginal !

LEBARDIN

Je commence à le croire.

(Rentrent Delphine et Suzanne.)

SCÈNE IV

LEBARDIN, PAGENEL, SUZANNE, DELPHINE

SUZANNE

Mademoiselle Delphine est étonnante ! Elle a fait mouche
à tous les coups.

DELPHINE

Vous êtes trop aimable.

PAGENEL

Et vous, mademoiselle Suzanne?

SUZANNE

Oh! moi, je suis trop énervée, je ne suis pas assez maîtresse
de moi... Je tirais au hasard... Et puis, tout ce brouhaha,
tout ce monde !

PAGENEL

Evidemment, cela vous change de Pressigny.

DELPHINE

Croyez-moi, ma chère, vous vous y ferez à cette vie-là.

SUZANNE

Je ne crois pas...

DELPHINE

Moi aussi, je ne voulais pas faire la noce ! Ce n'était pas
dans mon caractère ! Quand vous me connaîtrez mieux, vous
saurez que j'ai un grand fond de tristesse ! Mais comme je
tenais avant tout à me faire une position sérieuse, je me suis
lancée dans la rigolade !

SUZANNE

Vous êtes très gentille, Mademoiselle Delphine !

(A ce moment, une sonnette annonce la fin de l'entr'acte. Rentrée des spectateurs dans la salle du fond.)

PAGENEL

Vous venez, Lebardin, ça va commencer !

LEBARDIN

Allons-y… amusons-nous ! amusons-nous ! C'est dans l'ordre des choses.

SUZANNE

C'est ça… amusons-nous follement !

LEBARDIN

Allons, mes enfants, un peu plus d'entrain…

(Ils rentrent dans la salle.)

SCÈNE V

LE VICOMTE, en habit.

Il va s'asseoir mélancolique sur un tabouret du bar.

Un whisky… *(Il bâille, allume lentement un cigare. Il boit avec une paille, sans rien dire, puis il regarde le public, se lève de son tabouret et vient à l'avant-scène.)* Je suis fixé… Ça y est… Cela s'est fait très vite… Il y a des maris qui attendent ce petit désagrément un an, six mois, trois mois… Certains privilégiés ont leur sort réglé au bout de huit jours... Moi j'ai vraiment droit à une place à part... La bénédiction nuptiale devait nous être donnée à minuit dans la chapelle de mon château... Eh bien, à trois heures de l'après-midi, c'est-à-dire neuf heures exactement avant la cérémonie... parfaitement! C'est un record... Cela n'a d'ailleurs aucune espèce d'importance... *(Il retourne au bar et boit quelques gorgées de whisky.)* Le plus navrant de l'aventure, c'est que je m'ennuie affreusement... Plus je vais dans les lieux de plaisir pour oublier et me distraire et plus je m'ennuie... J'ai raté ma vie...

I

Lorsque j'étais célibataire,
J'étais un homme bien heureux !
Mon bon cœur, mon bon caractère
Faisaient nos jours égaux entre eux.
Hélas ! je choisis une femme
Que doivent fuir tous les maris,
Car elle avait pour seul programme
De me faire voir du pays...
Je regrette mon coup de tête,
Je me suis trompé de chemin...
Ah ! mon Dieu, que l'homme est donc bête !
J'avais le bonheur sous la main.

II

Oui, Suzanne avait tout pour plaire
Et j'en étais très amoureux !
A quoi bon en faire un mystère ?
Aujourd'hui, je suis malheureux.

Hélas ! mon cœur candide et tendre
Avec effroi songe à demain,
Car le feu qui dort sous la cendre
Va se rallumer, c'est certain !
Je regrette mon coup de tête
Je me suis trompé de chemin...
Ah ! mon Dieu, que l'homme est donc bête !
J'avais le bonheur sous la main !

(Il va au bar et paye sa consommation.)

Voulez-vous voir un homme ennuyé, mademoiselle?

LA DEMOISELLE DU BAR

Je vous remercie, monsieur, mais je ne vois que ça...

LE VICOMTE

Alors, excusez-moi...

(Il rentre dans la salle.)

SCÈNE VI

LEBARDIN, SUZANNE

LEBARDIN

Suzanne?

SUZANNE

Mon ami?

LEBARDIN

Il y a quinze jours, après la scène inoubliable dont le bureau de poste de Pressigny fut le théâtre, je charge Pagenel de vous louer et de vous meubler un appartement à Paris.

SUZANNE

Moi, alors, je demande un congé pour affaires de famille.
Je laisse Riri... Riri et Auguste au bureau et je pars m'installer ici.

LEBARDIN, *continuant.*

Et hier soir...

SUZANNE

Et hier soir vous arrivez par le train de onze heures...
Je le sais bien, mon ami, je le sais bien.

LEBARDIN

Laissez-moi achever. Quand j'aurai fini, vous verrez comme
la situation sera nette. Hier soir donc, j'arrive à la gare
d'Orléans... Je n'ai pas besoin de vous dire quelle délicieuse surprise ç'a été pour moi de vous trouver à la gare.
Nous prenons un fiacre... ne riez pas, je vous en prie...
Ne riez pas... Pourquoi riez-vous?...

SUZANNE

Je songe au fiacre.

LEBARDIN

Ah! oui, je m'y revois encore.

CHANT

Pstt, pstt, je fais signe au chauffeur,

SUZANNE

Qui vient avec mauvaise humeur

LEBARDIN

Vous pensez si le temps me dure!

SUZANNE

Et nous montons dans la voiture...

LEBARDIN

Là, je veux vous prendre un baiser...

SUZANNE

Qu'il me plaît de vous refuser...

LEBARDIN

Pourtant, pour moi quelle aventure.

SUZANNE

Oh ! mon ami, pas en voiture !

LEBARDIN

I

Le taxi, le taxi,
Fut toujours fait pour ça !
Chacun vous le dira.
Chacun m'approuvera
Et chacun comprendra...
Le taxi, le taxi,
Le taxi, c'est exquis,
Fut toujours fait pour ça.

SUZANNE

Le taxi, le taxi,
Ne fut pas fait pour ça...
Etc...

LEBARDIN

II

Soit, je me fais une raison…

SUZANNE

Nous arrivons à la maison…

LEBARDIN

Et jusqu'au seuil de votre porte…

SUZANNE

J'autorise que l'on m'escorte…

LEBARDIN

Mais, une fois dans l'ascenseur…

SUZANNE

Je vous dis : « Soyons frère et sœur. »

LEBARDIN

Dans cette cage je me monte…

SUZANNE

Oh! mon cher ami, quelle honte!

LEBARDIN

L'ascenseur, l'ascenseur,
Fut toujours fait pour ça.
Chacun vous le dira,
Chacun m'approuvera
Et chacun comprendra.
L'ascenseur, l'ascenseur,
L'ascenseur, sur l'honneur,
Fut toujours fait pour ça!

SUZANNE

L'ascenseur, l'ascenseur
Ne fut pas fait pour ça...
Etc...

LEBARDIN

Bref, à la porte de votre appartement vous me murmurez
à l'oreille : Si vous étiez bien gentil, vous ne savez pas ce
que vous feriez ? Vous iriez à l'hôtel, parce que, ce soir, je
tombe de sommeil...

SUZANNE

C'était vrai, je tombais de sommeil, positivement.

LEBARDIN

Je continue à ne pas insister.

SUZANNE

Vous avez été charmant, je n'oublierai jamais ça !

LEBARDIN

Moi non plus. Je vais donc au Grand-Hôtel, je passe
une très mauvaise nuit. Je ne vous reproche rien. Enfin, ce
matin, je reçois un petit bleu de vous, m'invitant à déjeuner.
J'accours. Nous déjeunons. Nous ne restons pas une minute
en tête à tête. Ensuite, vous me demandez d'inviter Pagenel
et sa bonne amie à dîner.

SUZANNE

Monsieur Pagenel a été parfait dans cette circonstance,
c'était bien le moins. Ne dirait-on pas que tout cela est
extraordinaire ?

LEBARDIN

Mais si !... Voilà où est votre erreur, justement. C'est
extraordinaire. Oui, oui, je sais bien qu'à Pressigny je vous

ai promis de... de... Mais quand vous connaîtrez la vie davantage, vous saurez qu'on fait des promesses dans certains cas, qu'il est tacitement convenu qu'on ne tiendra pas. Mais oui, que voulez-vous que je vous dise? C'est comme ça! Mais oui... Alors, voilà, moi, maintenant, moi... comme je suis obligé de rentrer demain matin à Pressigny, et que je ne pourrai pas revenir avant longtemps peut-être... je vous demande si vous exigez que j'aille encore... que j'aille encore à l'hôtel cette nuit. J'ajoute... j'ajoute qu'en vous demandant cela, je vous demande une chose qui n'est pas extravagante, c'est une chose toute naturelle que je vous demande.

SUZANNE

Voyons, ne froncez pas les sourcils, ne vous fâchez pas...

LEBARDIN

Remarquez de plus que Pagenel est convaincu que nous... et Delphine aussi... Ils ne peuvent pas ne pas être convaincus...

SUZANNE

Eh bien ! votre amour-propre est sain et sauf.

LEBARDIN

Evidemment... mais il n'y a pas que l'amour-propre... Je vous adore, moi, vous ne tenez pas compte de ça, je vous adore.

SUZANNE

Eh bien ! oui, là, vous avez raison .. Je vous demande pardon, oui, c'est vrai, j'ai l'air de ne pas bien me conduire avec vous, mais j'ai des excuses. Quand vous m'avez fait cette proposition, je ne vous connaissais pas, vous m'étiez même plutôt antipathique, j'aime autant vous le dire. Et

comme j'avais des raisons de ne pas rester à Pressigny ; je
pensais : Essayons toujours, nous verrons après ; qu'est-ce
que je risque ? Je ne m'occupais pas de vous ; je vous prenais
pour un monsieur quelconque, qui veut avoir une maîtresse,
et ce qui pouvait vous arriver m'était bien égal. Mais aujour-
d'hui, vous m'avez écrit des lettres très jolies, très délicates,
nous avons causé ensemble et je regrette ce que j'ai fait...
Je regrette bien autre chose aussi... Je regrette Pressigny.

CHANT

Je regrette mon Pressigny,
Mon bureau sur la blanche route,
Et la paix des après-midi
Où l'heure tombe goutte à goutte.

Je regrette les matins clairs
Où l'on se lève avec l'aurore,
L'humble chambre aux meubles peu chers
Mais qu'un joyeux soleil décore !

Je revois les soirs étoilés
Où les vieilles en coiffes noires
Sur les amoureux attardés
Racontent d'étranges histoires !

Quand je songe au joli clocher,
A cet horizon plein de charme,
Hélas ! je ne puis m'empêcher
D'avoir une petite larme...

Ce doux pays, je ne sais pas
Pourquoi maintenant tant je l'aime,
Mais je suis sûre que, là-bas,
Reste le meilleur de moi-même..

Qui me rendra ce coin béni,
Sa grand' place et ses vieilles rues?
Qui me rendra mon Pressigny
Et mes illusions perdues?

LEBARDIN

Eh bien et moi?

SUZANNE, *sortant d'un rêve.*

Ah! vous êtes là? Eh bien j'ai pour vous beaucoup d'affection. Je sens que nous deviendrons de bons camarades, mais... pour le reste... je ne pourrais pas!

LEBARDIN, *se levant brusquement.*

La même phrase que Louisette! la même! Allons, allons, c'est entendu, c'est - entendu! Chaque fois que je serai amoureux d'une femme, ça sera la même chose! Ça m'est arrivé à vingt ans, ça m'arrive à cinquante — ça m'est arrivé une fois dans l'intervalle, je ne l'ai dit à personne! — Je le sais maintenant, il n'y a rien à faire!... Si! Il y a quelque chose à faire! Il y a à faire la noce et ça ne va pas traîner! Et ce sera de votre faute!

SUZANNE

Il ne faut pas, Monsieur Lebardin, il ne faut pas. Les gens comme vous ne doivent pas faire la noce, ça ne leur réussira jamais. C'est bon pour votre ami, Monsieur Pagenel, cette vie-là... Mais vous, vous finiriez par devenir amoureux de quelque méchante petite femme qui vous en ferait voir de toutes les couleurs... Rentrez chez vous, Monsieur Lebardin, pendant que moi je rentrerai dans l'administration des postes... C'est ce que nous avons de mieux à faire tous les deux... Vous allez me jurer que vous rentrerez chez vous demain matin.

LEBARDIN

Non.

SUZANNE

Vous allez me le jurer, si vous avez un peu d'amitié pour moi. Et si vous me le jurez je vous embrasserai tout de suite pour la peine.

LEBARDIN

Vous m'embrasserez?

SUZANNE

Sur les deux joues.

LEBARDIN

Et moi, je vous embrasserai aussi?

SUZANNE

Vous m'embrasserez aussi.

LEBARDIN

Alors que voulez-vous, je jure!

SUZANNE

Bien! Et moi je vous embrasse sur les deux joues.

(Paraît Pagenel suivi de Delphine.)

SCÈNE VII

LES MÊMES, PAGENEL, DELPHINE

PAGENEL

Encore !... Sais-tu qui je viens d'apercevoir dans la salle ?

LEBARDIN

Qui ?

PAGENEL

Ta femme !

LEBARDIN

Ma femme ? Je suis perdu !... T'a-t-elle vu ?

PAGENEL

Je le crains, bien que nous ayons quitté la loge très vive-ment... D'ailleurs, tout Pressigny est ici... J'ai également vu le Vicomte de Samblin.

SUZANNE

Le Vicomte est ici ?

PAGENEL

Mais oui !

SUZANNE

Seul ?

PAGENEL

Il en avait l'air...

SUZANNE

Il ne faut pas que madame Lebardin me voie avec vous... voilà l'essentiel !

DELPHINE

Elle a raison ! Si votre femme vous trouve seul, il y aura moins de dégâts.

SUZANNE

Je vous quitte... Je rentre dans la salle...

PAGENEL

Delphine vous accompagnera... J'aime mieux que Madame Lebardin ne me rencontre pas avec elle...

SUZANNE, *avant de sortir par l'embrasure du rideau du fond.*

Monsieur Pagenel, de quel côté était le Vicomte de Samblin ?

PAGENEL

Du côté pair, à droite, près de l'orchestre.

SUZANNE

Merci.

(*Suzanne et Delphine sortent.*)

SCÈNE VIII

LEBARDIN, PAGENEL

PAGENEL

Mon pauvre vieux, il n'y a pas une minute à perdre... il faut filer...

LEBARDIN

Filons !

PAGENEL

J'enverrai un mot à Delphine pour m'excuser. Elle comprendra très bien la situation... Quant à Suzanne. .

LEBARDIN

Suzanne ! C'est le dernier de mes soucis !

PAGENEL

Qu'est-ce que tu me dis là ?

LEBARDIN

Je t'expliquerai cela en route ! Déguerpissons !
(A ce moment entre Madame Lebardin.)

PAGENEL

Trop tard !

SCÈNE IX

Les Mêmes, MADAME LEBARDIN

TRIO (parodie)

LEBARDIN

Je suis pincé,
C'était forcé !

PAGENEL

Il est pincé,
C'était forcé !

MADAME LEBARDIN

Tu es pincé,
C'était forcé...

Epoux coupable
Et misérable
Que tout accable,
Crains ma fureur !
Peine éternelle,
Sur toi j'appelle
La main cruelle
D'un dieu vengeur !

PAGENEL

Femme irritable,
Sois charitable
Et pitoyable
A son erreur !
Plus de menace !
Qu'on fasse grâce
Et qu'on s'embrasse
De tout son cœur !

LEBARDIN

Femme sévère,
Plus de colère !
Bientôt j'espère
Toucher ton cœur !
Gloire immortelle !
Mari modèle,
Je fus fidèle,
Sur mon honneur !

MADAME LEBARDIN

Soyons sévère !
Que ma colère
Soit exemplaire,
Epoux trompeur !
Que le ciel gronde
Et qu'il confonde
Aux yeux du monde
Cet imposteur !

ENSEMBLE

Reprise.

Je suis pincé !
C'était forcé...
Etc...

MADAME LEBARDIN

Eh bien ! j'attends vos explications, Monsieur Lebardin.

PAGENEL, *bas à Lebardin.*

Laisse-moi parler... Tu n'as pas l'habitude... (*A Madame Lebardin.*) Tous mes respects, chère madame... Nous sommes venus, votre mari et moi, retrouver ici un de mes amis du ministère qui veut bien s'occuper de ma décoration !

LEBARDIN

C'est ça, nous l'avons rencontré ce matin au mariage de la nièce de Blanchet ..

MADAME LEBARDIN

Et pendant qu'on mariait sa nièce, Blanchet, lui, venait nous voir à Pressigny. Il a dîné avec moi, Blanchet, et quant à sa nièce, il est fort heureux qu'elle ne vous ait pas attendu pour se marier ce matin, car elle a déjà trois enfants. Vous êtes ici avec Mademoiselle Suzanne Borel, la petite receveuse des Postes que vous entretenez depuis son départ de Pressigny, comme Monsieur Pagenel, votre ami et votre maître, fait de Mademoiselle Champin, rue de Prony, Delphine de son prénom et 515-48 de son numéro de téléphone. C'est même la femme de chambre de cette personne qui m'a dit où vous étiez, moyennant une modique rétribution. Maintenant, Pagenel, faites-moi l'amitié de me laisser seule avec monsieur et rentrez vous coucher le plus tôt possible, car vous avez une figure de papier mâché ! C'est honteux.

LEBARDIN, bas à Pagenel.

Mais, réponds, quelque chose, toi qui as l'habitude ?

PAGENEL, même jeu.

Dans ce cas-là, il n'y a plus rien à répondre... Madame, j'ai bien l'honneur de vous saluer ! Je vais retrouver Delphine !

(Il sort.)

SCÈNE X

MADAME LEBARDIN, LEBARDIN

MADAME LEBARDIN

A nous deux, monsieur. Que comptez-vous faire ?

LEBARDIN

Ce que je compte faire ?

MADAME LEBARDIN

Oui.

LEBARDIN, *très naturellement.*

Ce que je compte faire... Eh bien, je compte rentrer à Pressigny demain matin... parce que, ce soir, je crois qu'il n'y a plus de train... As-tu ton indicateur sur toi?

MADAME LEBARDIN

Ah! ça! vous vous imaginez que cela va se passer ainsi? Je vous prends en flagrant délit et voilà tout ce que vous me répondez!

LEBARDIN

Tu me prends en flagrant délit de quoi?

MADAME LEBARDIN

D'adultère, monsieur, d'adultère!

LEBARDIN

Mais non, ma bonne. Tu me trouves en habit et cravate blanche dans un music-hall, avec Pagenel, voilà tout.

MADAME LEBARDIN

Vous n'avez pas loué et meublé un appartement pour Suzanne Borel? Je vous défie de dire le contraire.

LEBARDIN

Je pourrais le dire, si je voulais, oui, je pourrais le dire, mais je ne le dirai pas.

MADAME LEBARDIN, *éclatant.*

Ainsi, vous avouez que vous avez une maîtresse à Paris, vous l'avouez avec un cynisme monstrueux!

LEBARDIN

Alors ! tu t'imagines qu'il suffit d'entretenir une femme pour qu'elle soit votre maîtresse ? Ce serait trop commode ! Ah ! Tu es bien de la province, toi ! Je n'ai aucune maîtresse, je répète et j'insiste, je n'ai aucune maîtresse.

MADAME LEBARDIN

Et vous pensez que je vais gober de pareilles balivernes ! C'est trop fort à la fin ! Je commence à en avoir assez.

LEBARDIN

Et moi donc ?

MADAME LEBARDIN

Vous dites ?

LEBARDIN

Je dis que je ne t'ai jamais fait un mensonge ? Quand je te dis que je n'ai pas de maîtresse, tu n'as pas le droit d'en douter, tu n'en as pas le droit, tu entends.

MADAME LEBARDIN

Mais attrape-moi donc tout de suite, attrape-moi donc, ce sera plus simple !...

LEBARDIN

Comment ! Au bout de vingt ans, tu te mets tout d'un coup à devenir soupçonneuse et acariâtre.

MADAME LEBARDIN

Moi !

LEBARDIN

Tu te mets à me guetter, à me surveiller...

MADAME LEBARDIN

Moi ?

LEBARDIN

Je ne peux plus faire un pas sans t'avoir sur mes talons !

MADAME LEBARDIN

Moi !

LEBARDIN

Il ne te manque plus que de me faire suivre par la police. Et aujourd'hui, parce que je fais un petit voyage à Paris, et Dieu sait si j'y ai fait du mal, à Paris ! parce que j'achète des meubles, tu me traites comme le dernier des derniers. C'est à vous dégoûter de la vertu et de la bonne conduite, ma parole d'honneur !

MADAME LEBARDIN

Voyons, ne te fâche pas... J'ai peut-être exagéré...

LEBARDIN

Tu m'as fait beaucoup de peine. Tu entends, Augustine, tu m'as fait beaucoup de peine.

MADAME LEBARDIN

Enfin ! voyons ! tu ne peux pourtant pas dire que c'est moi qui ai tort !

LEBARDIN, *sévèrement.*

Je veux bien oublier tout cela, à une condition.

MADAME LEBARDIN

Laquelle ?

LEBARDIN

Tu ne me parleras plus jamais de cette histoire-là ? Tu entends ? Jamais plus ! tu n'y feras plus allusion jamais ! jamais ! Tu me le promets ? Tu me le jures ?

8

MADAME LEBARDIN

Que veux-tu que je réponde ? Je suis ahurie… Si tu cherchais à m'ahurir… tu y es arrivé…

LEBARDIN

Embrasse-moi, Augustine…

MADAME LEBARDIN

Voilà, mon ami, voilà… (*Elle l'embrasse.*) Je suis ahurie…

LEBARDIN

Là, remets-toi, je te pardonne, ma bonne vieille.

UNE BOUQUETIÈRE, *s'approchant.*

Voulez-vous des fleurs, ma jolie dame ?

LEBARDIN

Elle a raison, la bouquetière, tu es une jolie dame !… Tiens, voilà des fleurs !… Je suis très content, moi… Veux-tu que je te paie autre chose ? Veux-tu que nous fassions un match à la carabine ? Non… Eh bien, tiens, allons voir les danseuses orientales… Ça t'amusera !

MADAME LEBARDIN

Tu ne crois pas, mon ami, que nous ferions mieux de rentrer ?

LEBARDIN

Jamais de la vie ! D'ailleurs j'ai deux mots à dire à Mademoiselle Borel… Tu comprends, n'est-ce pas, que je ne peux pas rentrer à Pressigny sans prévenir Mademoiselle Borel. Tu le comprends ?

MADAME LEBARDIN

Je le comprends… sans le comprendre… Mais enfin, s'il le faut !…

LEBARDIN

Il le faut... et je ne serai pas fâché non plus de voir e
vicomte et de lui reprocher sa conduite ! Un nouveau marié,
tout seul, dans ce lieu de débauche !

MADAME LEBARDIN

Pauvre garçon ! il a quitté sa femme, le soir même de ses
noces ! Elle l'avait trompé le jour du mariage, dans l'après-
midi.

LEBARDIN

Bigre ! Alors, je ne lui adresserai pas des reproches, mais
des condoléances... Allons, viens voir la belle Fathma,
allah ! allah !

(*Ils entrent dans la baraque.*)

SCÈNE XI

PAGENEL, DELPHINE, SUZANNE, LE VICOMTE

PAGENEL *entre, soutenu par Delphine et par le Vicomte.*

Aïe !... Aïe ! sacristi... ça y est... une attaque... une
bonne petite attaque de goutte !

DELPHINE

Je t'avais bien dit de ne pas boire de champagne !

(*Les danseuses et les figurants qui sont restés en scène
s'approchent.*)

PAGENEL

Prenons vite une voiture et rentrons... Excusez-nous, mes
chers amis... Lebardin et sa femme ne sont plus là... ils ont

dû partir... Aïe! Aïe! Pauvre Lebardin! Je souffre beaucoup, mais j'aime encore mieux être à ma place qu'à la sienne... Ah! si vous aviez entendu Madame Lebardin le menacer du Dieu vengeur!... C'était terrible!... Aïe! Aïe!... sacrée sciatique!

CHŒUR

Vite, monsieur, rentrez chez vous!
A l'avenir, soyez plus sage!
Il est imprudent à votre âge
De danser comme un petit fou!

Vite, rentrez à la maison,
Vous avez mauvaise figure,
Dormez sous quatre couvertures
Et sous un quadruple édredon!

*(Le chœur accompagne Pagenel et Delphine et sort avec eux.
Il ne reste plus en scène que le Vicomte et Suzanne.)*

SCÈNE XII

LE VICOMTE, SUZANNE,
puis MONSIEUR *et* MADAME LEBARDIN

LE VICOMTE

Je vous avoue, mademoiselle, que je ne m'attendais pas à l'honneur de vous rencontrer ici... D'après ce que je viens d'apprendre, il paraît que Monsieur Lebardin... Croyez bien que si je ne vous ai pas adressé mes compliments au sujet de votre changement de position, c'est que je l'ignorais...

SUZANNE

Trop aimable !

LE VICOMTE

Ce qui me stupéfie, par exemple, ce que je ne m'explique pas, c'est que vous ayez accepté de Monsieur Lebardin une chose pareille ! vous, vous...

SUZANNE, *ironiquement*.

Il y a dans la vie une foule d'événements qu'on ne peut pas expliquer et qui arrivent tout de même !

LE VICOMTE

Alors, vous ne m'aimez plus ?

SUZANNE

Ecoutez, Monsieur de Samblin, trouvez-vous qu'il y ait un intérêt quelconque à prolonger cette conversation ?

LE VICOMTE

Mais oui, il y a un intérêt, un intérêt très grand... parce que, moi, je vous aime !... plus que jamais. Tenez, voilà encore une de ces choses que l'on ne peut expliquer et qui arrivent tout de même !

SUZANNE

Allons donc ! Monsieur le Vicomte, vous badinez ! C'était un caprice, ce n'était pas de l'amour !

LE VICOMTE

C'est de l'amour, croyez-moi. Le jour de mon mariage, il s'est passé une chose extraordinaire. Lorsque Monsieur le Maire m'a demandé : « Consentez-vous à prendre pour femme Madame veuve Lureau ? » Eh bien, alors, tout d'un coup, pendant qu'il prononçait la phrase, je me suis aperçu

8.

que c'était vous que j'aimais ; j'ai répondu oui, tout de même, parce qu'il était trop tard. Mais j'étais furieux. Et maintenant, il n'y a pas d'erreur... C'est vous que j'aime, c'est vous ! Il est impossible que vous ne m'aimiez plus.

(Il s'approche d'elle et lui prend la main.)

SUZANNE

C'est pourtant la vérité, Monsieur le Vicomte.

LE VICOMTE

Vous ne m'aimez plus ?

SUZANNE

Je ne vous aime plus... non... Et quand même je vous aimerais encore, je ne recommencerais pas l'expérience que je viens de faire... Non, décidément... ce n'est pas ma vocation de détourner de leurs devoirs les hommes mariés.

LE VICOMTE

Les hommes mariés ?... Ah ! ah ! elle est bien bonne !

SUZANNE

Quoi !... Vous êtes marié, je suppose ?

LE VICOMTE

Comment, si je suis marié ? mais je crois bien que je suis marié... Je crois bien, puisque j'ai dit oui !... Et même à ce propos-là, je vais vous apprendre quelque chose... je vais divorcer !... Je me suis aperçu que j'avais épousé une vilaine créature...

SUZANNE

Pauvre ami !

LE VICOMTE

Et si vous n'aviez pas fait la bêtise que vous avez faite, je serais allé vous chercher dans votre bureau de poste, et je vous aurais épousée, parfaitement! je vous aurais épousée... et voilà pourquoi je suis furieux que vous soyiez devenue la bonne amie de cette brute de Lebardin.

SUZANNE

Oui, votre amour était sinçère
Et j'en suis sûre maintenant!

LE VICOMTE

Alors, comprenez ma misère,
Car Lebardin est votre amant!

SUZANNE, *à part.*

Si ce seul obstacle l'arrête,
Non, non, rien n'est encor perdu!

LE VICOMTE

Je maudis votre coup de tête
Et pleure mon bonheur perdu!

SUZANNE

Quoi, vous m'auriez prise pour femme!
Vous n'auriez pas rougi de moi?

LE VICOMTE

Je t'aime de toute mon âme
Et n'ai jamais aimé que toi!

SUZANNE

Répétez, répétez encore!

8.

LE VICOMTE

Oui, Suzanne, je vous adore !

(*Il s'approche d'elle.*)

Bien loin de ce bruyant Paris,
Dans un joli nid de verdure,
Et, l'un et l'autre très épris,
Nous goûtions le bonheur qui dure !
En me voyant, moi, tendre amant,
Et vous, toujours pleine de grâce,
Les gens auraient dit simplement :
« C'est un ménage heureux qui passe ! »

ENSEMBLE

Bien loin de ce bruyant Paris,
Dans un joli nid de verdure,
Et, l'un et l'autre très épris,
Nous goûtions le bonheur qui dure !

LE VICOMTE

En me voyant, moi, tendre amant,

SUZANNE

En vous voyant, vous, tendre amant,

LE VICOMTE

Et vous, toujours pleine de grâce,

SUZANNE

Et moi, très contente à ma place,

ENSEMBLE

Les gens auraient dit simplement :
« C'est un ménage heureux qui passe ! »

SUZANNE

Répétez, répétez encore...

LE VICOMTE

Oui, Suzanne, je vous adore !...
        (*A ce moment, Lebardin et sa femme rentrent
        et ils entendent la fin du duo.*)

SUZANNE

Eh bien ! alors, soyons heureux !
Nous pourrons nous marier tous deux !
Vous pouvez être mon époux,
Je suis toujours digne de vous !

LEBARDIN, *dans le fond, d'une voix éclatante.*

Elle est pure !
Je le jure...

SUZANNE

Vous écoutiez ?

LEBARDIN

Heureusement !
Puisque j'arrive au bon moment !
Je l'affirme de façon solennelle,
Je n'ai pas de droits sur Mademoiselle.

SUZANNE, *au Vicomte.*

Me croyez-vous ?

LEBARDIN *et* MADAME LEBARDIN

La croyez-vous ?

LE VICOMTE, *à Suzanne.*

Oui, je vous crois,
Et vous serez ma femme !

SUZANNE

Nous allons cette fois
Remplir notre programme...

LE VICOMTE

Quelle existence fortunée !

SUZANNE

Que nous passerons loin du bruit.

LE VICOMTE

Vous, mon maître dans la journée...

SUZANNE

Et vous, mon maître dans la nuit...

FINALE

*(C'est la fin de l'acte. Les spectateurs rentrent en
scène, sortant de la salle.)*

SUZANNE, *au public.*

Je suis une petit' fonctionnaire
Dont le cœur bat d'émotion.
Public, si l'on a su te plaire,
Donne ton approbation.
Dis si la petit' fonctionnaire
A bien rempli sa fonction !

RIDEAU

Imprimeries CERF
59, rue du Maréchal-Foch, Versailles
12, rue Sainte-Anne, Paris